Beck'sche Reihe
BsR 403

Wenn man eine „absolut wahre" Geschichte hört, die der Freund eines Freundes selbst erlebt hat, ist Vorsicht geboten. Die Erzählung vom spottbilligen Luxusauto, von der todbringenden Vogelspinne in der exotischen Zimmerpflanze oder vom Pudel im Mikrowellenherd ist häufig eine „moderne Sage" – auch wenn man davon in der Zeitung liest oder glaubhaft versichert bekommt, die Geschichte sei tatsächlich passiert. Oft sind solche sagenhaften Geschichten Ausdruck einer rational nicht eingestandenen Verunsicherung des heutigen Menschen angesichts einer unberechenbaren Umwelt. Die Angstlust gegenüber dem Fremden und Bedrohlichen gebiert immer neue Horrorgeschichten. Manchmal dienen sie der Diskriminierung und Diffamierung von Außenseitern, Randgruppen und Ausländern.
Die erste Sammlung moderner deutschsprachiger Sagentexte ist spektakulär und verblüffend. Sie gibt einen Einblick in unsere eigenen Ängste, Wunschträume und Vorurteile.

Rolf Wilhelm Brednich ist Professor für Volkskunde an der Universität Göttingen und Hauptherausgeber der „Enzyklopädie des Märchens".

ROLF WILHELM BREDNICH

Die Spinne in der Yucca-Palme

Sagenhafte Geschichten von heute

VERLAG C.H.BECK MÜNCHEN

CIP-Titelaufnahme der Deutschen Bibliothek

Brednich, Rolf W.:
Die Spinne in der Yucca-Palme: sagenhafte Geschichten
von heute / Rolf Wilhelm Brednich. – Orig.-Ausg. –
100.–140. Tsd. München: Beck, 1990
 (Beck'sche Reihe; Bd. 403)
 ISBN 3 406 33992 1
NE: GT

Originalausgabe
ISBN 3 406 33992 1

100.–140. Tausend. 1990
Einbandentwurf: Uwe Göbel, München
© C. H. Beck'sche Verlagsbuchhandlung (Oscar Beck), München 1990
Satz: C. H. Beck'sche Buchdruckerei, Nördlingen
Druck: Presse-Druck- und Verlags-GmbH, Augsburg
Printed in Germany

Vorwort

Sage: „Erzählung von einem sonderbaren Erlebnis, das geglaubt und für wahr gehalten wird."
F. Ranke, 1935

I heard it from a friend of a friend and it's absolutely true...

1. Sage und moderne Erzählforschung

Die vorliegende Sammlung von Sagen aus der modernen Welt versteht sich als ein Beitrag zur volkskundlichen Erzählforschung. Diese Forschungsrichtung beschäftigt sich im Gegensatz zur Literaturwissenschaft mit den mündlich überlieferten Traditionen der sogenannten Volksliteratur. Mit Erzählforschung assoziiert man in der Fachwelt und in der Öffentlichkeit heute vor allem die historische Erzählforschung, die sich mit der Welt der „einfachen Formen" (Ranke 1978),* mit den Gattungen Märchen, Sage, Legende, Schwank, Anekdote, Exempel, Witz etc. (Röhrich 1976) auseinandersetzt. Das zur Zeit größte Editionsunternehmen der volkskundlichen Erzählforschung, die in Göttingen herausgegebene „Enzyklopädie des Märchens" (Berlin/New York 1977ff.), zeigt durch ihren Untertitel diese dominierende Ausrichtung: „Handwörterbuch zur historischen und vergleichenden Erzählforschung". Die meisten der darin vorzugsweise untersuchten Gattungen der Volksüberlieferung sind heute nicht mehr eigentlich lebendig. Wir kennen sie – mit Ausnahme des Witzes – in der Regel nicht mehr aus

---

* Die vollständigen Titel der abgekürzt zitierten Literatur finden sich im Literaturverzeichnis am Ende dieser Ausgabe.

mündlicher Überlieferung, sondern nur noch durch literarische Vermittlung über Bücher, durch Schallplatten oder andere Medien.

Bei den in dieser Ausgabe mitgeteilten Erzählungen verhält es sich etwas anders. Wir rechnen sie zu den Sagen; unter Sagen verstehen wir mündlich überlieferte Erzählungen und Berichte von außergewöhnlichen Erlebnissen, Ereignissen oder Erscheinungen, die mit dem Anspruch auf Glaubwürdigkeit erzählt werden. Die älteren Sagen handeln meistens von der Begegnung des Menschen mit übernatürlichen Wesen, sie berichten von der Verletzung von Tabus oder liefern die Erklärung für auffällige Naturerscheinungen oder Denkmäler. Der Kern der sagenhaften Erzählungen ist in den meisten Fällen das Unerhörte, Außergewöhnliche und Rätselhafte. Auf der Suche nach Erklärungen für diese Erscheinungen schöpfen die Erzähler aus den Quellen des Volksglaubens und des Mythos. Das dem Menschen Unheimliche, das Unerklärliche und Angsterregende wird dadurch in sein Weltbild einbezogen und gewissermaßen gebannt. Tod, Teufel und Dämonen, Helden, Helfer und Schädiger des Menschen sind die beherrschenden Figuren der alten Volkssage. Der Begriff ‚Sage' ist durch Jacob und Wilhelm Grimm geprägt worden, die durch ihre zweibändige Ausgabe der ‚Deutschen Sagen' (1816–18) die klassisch gewordenen Texte der historischen Volkssage geschaffen haben. Ihre Quellen waren mehr noch als bei den zuvor erschienenen Kinder- und Hausmärchen schriftlicher, vielfach literarischer Natur. Wo sie aus mündlicher Tradition geschöpft haben, sprachen ihre Erzähler sicher noch nicht von ‚Sagen'. ‚Alte Wahrheiten' oder einfach ‚Wahrheiten' galt als volkstümliche Bezeichnung für dieses Genre, wodurch zum Ausdruck gebracht wird, daß Sagen populäres Wissensgut darstellen und für wahr gehaltene Ereignis- und Erlebnisberichte beinhalten.

Viele dieser historischen Volkssagen sind uns auch heute noch bestens vertraut: Der Rattenfänger von Hameln, der

Binger Mäuseturm, das Riesenspielzeug, der Schimmelreiter, Rübezahl, Lorelei, der Fliegende Holländer, Wilhelm Tell, Heinrich der Löwe, Friedrich Barbarossa, Lohengrin gehören zum allgemeinen Wissensgut. Aber wir kennen sie meistens nicht mehr aus mündlicher Überlieferung, sondern aus Lesebüchern oder aus Bearbeitungen in Form von Ballade, Schauspiel oder Oper. Aus der Volksüberlieferung ist im Laufe der Zeit literarisches Bildungsgut geworden; man erzählt diese Geschichten kaum noch und glaubt noch viel weniger an sie.

Erzählt wird aber heute immer noch, denn das Erzählen von Geschichten und Erlebnissen gehört zu den elementarsten Bedürfnissen des menschlichen Wesens. Kurt Ranke (1978, 40 f., 268) hat dem „homo sapiens", dem „homo faber" und dem „homo ludens" den „homo narrans" an die Seite gestellt und es als Aufgabe der modernen Erzählforschung bezeichnet, das Erzählen als fundamentales menschliches Grundbedürfnis in Vergangenheit und Gegenwart zu untersuchen. Was die Rolle des Erzählens in der modernen Gesellschaft betrifft, so gibt es in der deutschsprachigen Forschung noch einige Defizite. Die Sage als geglaubte, für wahr gehaltene Erlebnis- und Ereignisgeschichte spielt nämlich auch in der heutigen industriellen Welt des ausgehenden 20. Jahrhunderts nach wie vor eine bedeutende Rolle im alltäglichen Erzählen. Deshalb ist es notwendig, die bisher mit großem Erfolg und vielen sichtbaren Ergebnissen betriebene historische Sagenforschung (vgl. Röhrich 1966; 1976, 30–272) durch die Sammlung und Erforschung der Sagen in der modernen Welt zu ergänzen. Das Studium der ‚alten Wahrheiten' muß um die Analyse der heutigen Bewußtseinsinhalte der Erzähler und der aktuellen Erzählungen erweitert werden. Hierzu will dieses Buch beitragen. Es will den Beweis dafür antreten, daß die Sage auch heute noch eine sehr lebendige Gattung darstellt, allerdings hat sie inhaltlich mit den historischen Volkssagen, wie die Brüder Grimm und nach ihnen viele Gelehrte des 19. und 20. Jahrhunderts sie aufgezeichnet haben, nicht mehr allzu viele Gemeinsamkeiten, außer daß auch sie von Mund zu Mund und mit dem Anspruch weitergegeben werden, daß sich das Erzählte so und nicht anders ereignet hat.

Die volkskundliche Erzählforschung in den deutschsprachigen Ländern hat an der Sammlung und Erforschung dieser modernen Überlieferungen bisher nur geringen Anteil genommen. Vielleicht hängt dies damit zusammen, daß die Gattung der modernen Sage noch nicht vom Aussterben bedroht ist. Bekanntlich traten die Volkstumswissenschaftler mit Vorliebe dann auf den Plan, wenn es galt, fünf Minuten vor zwölf irgendein Stück der traditionellen „Volks"welt vor dem Untergang zu bewahren. Zu retten gibt es bei der modernen Sage eigentlich nichts. Möglicherweise ist deshalb noch sehr wenig davon dokumentiert. Immerhin ist die Erscheinung schon hin und wieder zur Kenntnis genommen worden. In seinem Lehrbuch zu den Formen der „Volkspoesie" hat Hermann Bausinger bei der Behandlung der dämonischen Sage zum Schluß auch eine neue Wandersage mitgeteilt: die Geschichte von der falschen Krankenschwester als Anhalterin mit den behaarten Händen, in deren Koffer sich ein langes blutiges Messer fand (vgl. unseren Text Nr. 4). Noch immer, so folgert Bausinger (1968, 184), behauptet die Dämonie des Bösen ihr Recht – „unheimlich und unberechenbar, eine haarige Hand, die überall aus den Fugen des glatten Alltags herausgreifen kann".

In anderen Ländern, vor allem in den USA, war man den modernen Erzählüberlieferungen schon länger auf die Spur gekommen, zumal es dort keine so stark ausgeprägten Gegensätze zwischen historischer und zeitgenössischer Folklore und Erzählforschung gibt. Linda Dégh von der Indiana University in Bloomington hatte als eine der ersten Forscherinnen bereits in den 60er Jahren wiederholt auf die verschiedenen neuen Erzählgelegenheiten und -inhalte, z.B. in den amerikanischen Studentenwohnheimen (dormitories), hingewiesen. Nach ihren Feststellungen fanden sich in diesem

Milieu die altüberlieferten Sagenstoffe europäischer Provenienz Hand in Hand mit neuentstandenen oder an die moderne amerikanische Umwelt angepaßten Themen. Bei ihren Forschungen wurden zum ersten Mal Dutzende von Varianten zu wenigen, immer wiederkehrenden Sagentypen aufgezeichnet: The Hook (Dégh 1968a), vgl. unsere Nr. 5, The Boyfriend's death (Dégh 1968b), vgl. unsere Nr. 8, The Roommate's Death (Dégh 1969). Besonders auffallend war, daß Erzählungen dieser Art sich fast wellenförmig auszubreiten schienen und innerhalb kürzester Zeit nach ihrem ersten Auftreten auf dem gesamten nordamerikanischen Kontinent bekannt waren. Trotzdem wurde von den Erzählern in jedem einzelnen Fall behauptet, die Horrorgeschichte hätte sich kürzlich im eigenen Bekannten- oder Freundeskreis tatsächlich so ereignet.

Der amerikanische Folklorist Jan H. Brunvand war derjenige, der in der Nachfolge von Linda Dégh die modernen amerikanischen Sagen zu seinem Haupttätigkeitsfeld gemacht hat. Aufgrund intensiver Feldforschungen und in Zusammenarbeit mit Kollegen und den Medien zeichnete er ein ganzes Arsenal von zeitgenössischen Erzählungen auf und veröffentlichte in den Jahren 1981 bis 1986 bisher drei Textsammlungen mit ausführlichen Kommentaren zu den ca. 250 zusammengetragenen Sagentypen. Die Anthologien trugen die Titel von bekannten Erzählungen: The Vanishing Hitchhiker (1981), The Choking Doberman (1984), The Mexican Pet (1986), die selbstverständlich auch in der vorliegenden Ausgabe vertreten sind (Nr. 4, Nr. 68, Nr. 66). Brunvands Bücher und seine sonstigen vielfältigen Aktivitäten haben dafür Sorge getragen, daß auch diejenigen in Nordamerika, an denen die modernen Sagen noch vorbeigegangen waren, umfassend über den Motivbestand der zeitgenössischen amerikanischen Folklore unterrichtet wurden, wozu auch Fernsehsendungen und regelmäßige Kolumnen in den großen Tageszeitungen beitrugen. Der dritte Band verdankt seine Entstehung fast ausschließlich den Zusendungen von

Buch- und Zeitungslesern. Schon in seiner ersten Ausgabe (1981, 11) hatte der Autor die Überzeugung geäußert, daß diese Sagen einen wesentlichen Bestandteil der „White-Anglo-Saxon American culture" ausmachen. Mit seinen Veröffentlichungen hat er diese Überlieferungen sicher nicht nur für die Nachwelt wissenschaftlich dokumentiert, sondern auch für die zeitgenössischen Leser zum Nacherzählen und Weiterverbreiten bereitgestellt. Ob man allerdings in der Beurteilung dieses Prozesses so weit gehen sollte wie ein kritischer deutschsprachiger Erzählforscher, ist die Frage. Er meinte zu den Aktivitäten von Brunvand: „Der Verdacht ist nicht von der Hand zu weisen, daß die Forschung indirekt die Phantome provoziert, die sie beschreiben will" (Petzoldt 1989, 29). Durch Brunvand haben die modernen Sagen auch eine englische Gattungsbezeichnung erhalten. Er nannte sie „urban legends", städtische Sagen, im Gegensatz zu den traditionellen älteren Volkssagen, die eher in bäuerlich-ländlicher Lebenswelt zu Hause gewesen seien.

An dieser einseitigen Festlegung der modernen Sagen auf die städtische Traditionssphäre und damit auch an dem neuen Begriff ist in der Folgezeit erhebliche und berechtigte Kritik laut geworden. An vielen Aufzeichnungen wurde deutlich, daß die Verbreitung moderner Sagen keineswegs auf Städte beschränkt bleibt. Wichtiger erschien den Kritikern der Aspekt der Glaubwürdigkeit der Sageninhalte, so daß auch der Begriff der „belief legend" – Glaubensgeschichte – in Betracht gezogen wurde (Dégh 1971). Selbst die Bezeichnung ‚modern' muß mit Einschränkungen gebraucht werden, denn wenn das Wort im Sinn von neuzeitlich oder modisch verstanden wird, stimmt die Gewichtung nicht; stattdessen wäre besser von aktuellen, zeitgenössischen oder zeitnahen Sagen die Rede. Der für diese erste deutschsprachige Ausgabe gewählte Begriff der „Sagenhaften Geschichten von heute" vermeidet alle definitorischen Kalamitäten und bevorzugt eine möglichst neutrale Bezeichnung des aktuellen Erzählgutes der Gegenwart.

Seit dem Beginn der 80er Jahre regte sich auch in Europa ein verstärktes Interesse an der Erforschung dieser modernen Sagen. An der mittelenglischen Universität Sheffield entstand auf Initiative von Paul Smith ein Forschungszentrum, an dem seit 1982 in jährlichen Abständen Konferenzen zu diesem Thema stattfanden. In den regelmäßig erscheinenden Tagungsberichten (Smith/Bennett 1982–89) wird für die Bezeichnung des Genres ein neuer Begriff benutzt: „contemporary legends" – zeitgenössische Sagen. Sheffield ist seitdem zur Begegnungsstätte europäischer und amerikanischer Erzählforscher geworden, und bei ihren Zusammenkünften sind zentrale Anliegen der internationalen vergleichenden Sagenforschung zur Diskussion gestellt worden. Außerdem ist hier ein Forum entstanden, wo man sich regelmäßig über Themen und Motive des zeitgenössischen Erzählgutes austauschen kann. Hier entstand auch die Idee zu einem Typenkatalog der internationalen Wandersagen nach dem Vorbild des internationalen Märchentypenindex (AaTh). Deutschsprachige Forscher waren bei diesen Symposien bisher nur am Rande beteiligt. Der Initiator Paul Smith hat inzwischen ebenfalls zwei Bände mit modernen Sagen herausgegeben (1983, 1986). Er bezeichnet seine Texte als „nasty legends" – häßliche Geschichten, da in diesem Genre auf den Britischen Inseln offenbar der schwarze Humor, Angst, Schadenfreude und ähnliche Gefühlsregungen vorherrschen. Aus dem Sheffielder Arbeitskreis ist 1988 eine „International Society for Contemporary Legend Research" (ISCLR) hervorgegangen, die ein Mitteilungsblatt mit dem Titel „Foaftale News" herausgibt. Foaf steht für „friend of a friend", foaftale ist zunächst mehr als scherzhafte Bezeichnung für eine Erzählgattung anzusehen, deren endgültige Benennung im internationalen Rahmen noch aussteht.

Weitere Forschungsaktivitäten sind aus den skandinavischen Ländern zu vermelden. Bengt av Klintberg begann Ende der 70er Jahre in Schweden mit der Aufzeichnung von modernen Sagen („modern migratory legends", 1981) und legte 1986 unter dem Titel „Råttan i pizzan" eine Edition von 100 kommentierten schwedischen Texten vor. Seinem Vorbild folgte 1987 die finnische Volkskundlerin Leea Virtanen. Ihre Sammlung von ebenfalls ca. 100 Typen ist nach einer der bekanntesten internationalen Wandersagen „Die gestohlene Großmutter" betitelt (vgl. unseren Text Nr. 29).

Am Beispiel der Sagen vom Vanishing Hitchhiker hat Aliza Shenhar (1985) die Anpassungsfähigkeit der modernen Sagen an die spezifischen politischen und sozialen Gegebenheiten des heutigen Israel unter Beweis gestellt. In einem zweiten Aufsatz (1989) hat sie gezeigt, wie moderne Sagen in israelischen Kibbuzim als Mittel der sozialen Kontrolle abweichenden Verhaltens fungieren.

In der Bundesrepublik Deutschland sind bisher nur zwei neuere Aufsätze zu verbuchen, die sich mit Autofahrererzählungen (vgl. unsere Nrn. 1–25) bzw. mit der Sage vom Rattenhund (unsere Nr. 66) beschäftigen (Knierim 1985, Fischer 1985/86). In der Schweiz hat sich Walter Heim (1981) mit den geisterhaften Anhaltern befaßt, die zeitweise geradezu epidemisch am Eingang zum Autobahntunnel am Belchen auftraten.

Dieser Forschungsüberblick könnte vermuten lassen, daß die modernen Sagen eine Erscheinung der westlichen Industrieländer seien. Dies ist jedoch keineswegs der Fall: Selbstverständlich machen Wandersagen auch vor politischen Grenzen nicht halt, allerdings läßt ihre Sammlung und Erforschung in den sozialistischen Ländern noch stark zu wünschen übrig. Dorota Simonides (1987) hat den Beweis dafür geliefert, daß die bekanntesten Stoffe aus Westeuropa zur gleichen Zeit auch in Polen bezeugt sind, z.B. die Geschichte von der Großmutter im Carepaket (Nr. 46) oder von der Rache des Hippies (Nr. 62). Viele Zuschriften, die unsere Projektgruppe aus der DDR erhalten hat, bestätigen uns, daß eine Vielzahl der in der Bundesrepublik erhobenen Geschichten auch im Nachbarland zirkulieren. Einige Sagen, wie unsere Nr. 18 „Zwischen Erfurt und Gera", beziehen ihren Zündstoff sogar aus der speziellen Situation der beiden deutschen Staaten.

2. Wie modern sind die modernen Sagen?

Als Gemeinsamkeit der Gattung sagenhafter Geschichten der Gegenwart ist die Tatsache festzuhalten, daß sie vornehmlich mündlich weitergegeben werden. Somit sind sie Teil der oralen Kultur, der Folklore. Als modern an ihnen kann der Umstand gelten, daß sie heute aber nicht ausschließlich von Mund zu Mund, sondern ganz entscheidend auch mit Hilfe der elektronischen Medien Verbreitung finden, einmal dadurch, daß sie z.B. bei Telefongesprächen rasch über weite Entfernungen vermittelt werden, zum anderen dadurch, daß die Massenmedien an ihrer Verbreitung mitwirken. Von zahlreichen neuen Sagentypen wissen wir, daß sie als „wahre Geschichten" durch die Presse gegangen sind, und auch dem Rundfunk sowie Film und Fernsehen kommt ein nicht zu unterschätzender Anteil bei der Ausbreitung zu: Eine ganze Reihe von Geschichten ist deshalb so schnell von Land zu Land, ja von Kontinent zu Kontinent gewandert, weil sie in Hörspielen, Fernsehstücken oder Spielfilmen verwendet worden sind, meist in der Form einzelner Episoden, die sich besonders gut zum Weitererzählen eignen. Trotzdem ist die Verwendung von mündlicher Überlieferung durch die Print- und Bildmedien kein unerhört neuer oder ausschließlich moderner Vorgang. Ähnliche Übernahmen von Motiven aus Märchen, Sagen, Legenden, Liedern etc. kennen wir, solange es den Buchdruck gibt, und lange vor den modernen Sagenerzählungen hat es z.B. die Gattung des Zeitungsliedes und der Zeitungssage gegeben. Mit ihnen sorgte die frühe Presse für die Verbreitung von sensationellen, außergewöhnlichen und unerhörten Nachrichten durch illustrierte Flugblätter, die sogenannten Neuen Zeitungen, durch Volksbüchlein oder die Spalten der ersten Zeitungen (vgl. Brednich 1985). Insofern sind die modernen Sagen nicht wesentlich fortschrittlicher als ihre Vorläufer in den Medien der Renaissance oder des Barock.

Bei der Frage nach der Modernität heutiger Sagen wird man häufig dem Argument begegnen, die Inhalte dieser Erzählungen seien ein Produkt der heutigen Zeit, sie stellten das Ergebnis der Auseinandersetzung des Menschen mit der modernen Welt der Industrie, der Technik, des Verkehrs, der Elektronik usw. dar. Das ist sicher richtig, aber bei sorgfältiger Analyse der Texte stößt der Folklorist hinter der modernen Fassade vielfach auf traditionelle Muster. Es zeigt sich auch, daß die aktuellen Erzählstoffe sowohl inhaltlich als auch strukturell starke Ähnlichkeiten mit den historischen Sagenüberlieferungen aufweisen.

Wir wollen zunächst die inhaltliche Verwandtschaft anhand eines Textbeispiels verdeutlichen und wählen dazu die Geschichte vom Verschwundenen Anhalter (Vanishing Hitchhiker, vgl. Nr. 4 unserer Sammlung), die als Prototyp moderner Sagenbildung gelten kann: Sie ist eng mit der Welt des heutigen Straßenverkehrs verbunden, spiegelt die Ängste und Gefährdungen des modernen Autofahrers und wird überdies von manchen Forschern als amerikanischer Beitrag zur Folklore des 20. Jahrhunderts angesehen. Aber der Augenschein trügt. Gefährliche Anhalter gab es auch schon im 19. Jahrhundert, wie ein Text von Will-Erich Peuckert beweist, der auf ein angebliches Erlebnis seines Großvaters in Schlesien zurückgeht. Darin heißt es:

Der Großvater war mit dem Pferdefuhrwerk auf dem Heimweg von Bunzlau, „und halb zwischen Liebichau und Töppendorf steht eine am Wege, ein verhutzeltes altes Mutterle, und frägt, ob sie denn nicht ein bissel mitgenommen werden könnte. Nu freilich, spricht er zu ihr und hält die Pferde an. Sie gibt ihm zuerst den Korb hinauf und dann setzt sie den Fuß vorn auf den Trittlich und steigt auf. Weil es ein altes Weibel ist, denkt er: du mußt ihr was behilflich sein, und nimmt die Leine in die Linke und langt hinab, da fällt der Mondenschein gerade auf ihr Gesicht, und da sieht er – sie hat ein wollenes Halstuch um – wie sie hinauf will, daß sie einen Vollbart hat. Ach! denkt er, und: sieh an! und nimmt die Peitsche und haut auf die Pferde. Er tat sonst keinem Tiere was zu leide, aber da war es schon notwendig. Die Pferde rucken an, der Räuber, denn das war das Mutterle, fällt hintenüber, und mein Kühn jächt los mit dem Gespann. Wie er ein kleines Stückel ist, dort wo der Busch zurückweicht von der Straße, da pfeifts an ihm vorbei und er hört den Knall. Da hat der Räuber hinter ihm hergeschossen. – Er ließ die Pferde erst ein Weilchen später wieder langsamer gehen. Aber wie sie daheim den Korb aufmachten, da war er voller Messer und Pistolen; da konnte er sich ja denken, was die Absicht von dem Weibe gewesen ist" (Peuckert 1965, 29).

Paul Smith hat einen „hairy handed hitchhiker" für das Jahr 1834 in einer britischen Tageszeitung namhaft gemacht (Smith 1983, 91), und Gillian Bennett kam zu der Überzeugung, daß die Geschichten vom „Phantom Hitchhiker" gar auf Wandergeistersagen zurückgeführt werden können, die ins 17. Jahrhundert datieren (Bennett 1984). Die wissenschaftliche Literatur allein zum Verschwundenen Anhalter füllt mittlerweile ein ganzes Bücherbrett (vgl. Brunvand 1981, 30–45). Nach dem Vorbild dieses fast schon klassisch gewordenen Beispiels sind die Folkloristen auf der Suche nach historischen Vorstufen moderner Sagen in vielen anderen Fällen fündig geworden. Bill Ellis (1982) hat sogar die Brücke von den heutigen Großstadterzählungen zu den Sagen des antiken Roms geschlagen. Solche Forschungen zeigen, daß die Themen und Motive moderner Sagen selten einmal den Anspruch erheben können, wirklich neu oder einmalig zu sein.

Auch in unserer Textsammlung gibt es häufig Berührungsstellen mit der Welt der traditionellen Volkssage. Durch Verlagerung des Schauplatzes in die Gegenwart und den

Austausch von Requisiten läßt sich unschwer eine Modernisierung traditioneller Stoffe herbeiführen. Aktualisierte Formen älterer deutscher Volkssagen liegen z.B. bei folgenden Texten unseres Samples vor: Kein Wasser und Brot (Nr. 38), Die Großmutter im Carepaket (Nr. 46), Urinprobe (Nr. 93), Scheidenkrampf (Nr. 94), Die Mutprobe (Nr. 97), Scheintod (Nr. 109), Geburt im Grab (Nr. 110), Verhinderter Selbstmord (Nr. 111) und Die mehrfach getötete Leiche (Nr. 113). Bemerkenswert an den aktualisierten Erzählungen ist ihre Eigenschaft, sich unter Bewahrung traditioneller Ideen und Glaubensvorstellungen den Bedingungen heutigen Lebens anzupassen, wobei sie ihren traditionellen und oralen Charakter beibehalten (vgl. Dégh 1973, 46). An den aktuellen Sagenerzählungen läßt sich verdeutlichen, daß die rationale Welt von Industrie und Technik beim Erzählen durch irrationale Züge durchbrochen wird. Beide Welten existieren nach wie vor nebeneinander, weil die Ergebnisse moderner Wissenschaft und Technik letzten Endes nicht in der Lage waren, den Glauben des Menschen an eine übernatürliche Sphäre zu zerstören. Einsamkeit und existentielle Verunsicherung verstärken das Interesse des heutigen Menschen am Unbekannten und Gefährlichen ebenso wie Wirtschaftskrisen oder Zeiten politischer Spannungen und Labilität. Und selbst der mit allen irdischen Gütern Gesegnete, der sorglos in seiner komfortablen Klischee-Welt lebt, fühlt sich insgeheim von der magischen Welt angezogen, in der die rationalen Gesetzmäßigkeiten ausgeschaltet sind und das Unbegreifliche, Furchteinflößende und Unberechenbare herrscht. Im Alltäglichen, Durchrationalisierten verbirgt sich immer noch das Andere, das Gefährliche, das wie die berühmte haarige Hand des Anhalters jederzeit in die Alltagsrealität eingreifen und sie auf den Kopf stellen kann. Von da erklärt sich die eigenartige Faszination, die von den modernen Sagen auf Erzähler und Hörer ausgeht. Die Angstlust gegenüber dem Fremden und Bedrohlichen scheint eine Konstante menschlicher Kultur zu sein, und deshalb ist damit zu rechnen, daß die zugehörigen Horrorgeschichten auch in Zukunft weiterleben und daß nach den traditionellen Mustern immer neue Erzählinhalte entstehen werden. Daher wird es auch künftig wichtig sein, von Zeit zu Zeit neue Bestandsaufnahmen aktueller Erzähl- und damit Bewußtseinsinhalte anzufertigen, um dem ständigen Prozeß der Anpassung, Veränderung und Neubildung des Erzählgutes auf der Spur zu bleiben.

Nicht nur beim Vergleich mit den Themen der älteren Volkssage, sondern auch im Hinblick auf ihre Funktion werden die Gemeinsamkeiten mit dem aktuellen Erzählgut deutlich. „Wie kaum eine andere mündliche Überlieferung sind Sagen Ausdruck von Angst", hat Lutz Röhrich (1984, 197) seine Forschungen zur historischen deutschen Volkssage zusammengefaßt. Fast immer ist darin der Mensch Verlierer in der Auseinandersetzung mit übernatürlichen Mächten. Sagen sind Ausdruck der menschlichen Furcht vor dämonischen Wesen, vor dem Tod und den Toten, vor Krankheit, Wahnsinn, Pest, Kriegen und Hungersnöten. Gleiches gilt – cum grano salis – auch für die modernen Sagenerzählungen, nur lauert das Unvorhergesehene, Bedrohliche und Unbegreifliche hier nicht mehr in der magischen Welt von Dämonen, Teufeln und Hexen, sondern in unserer eigenen Umwelt. Mit Recht nennen wir deshalb auch die modernen Erzählungen ‚Sagen'. Die ältere Volkssage will erklären, belehren, exemplifizieren, warnen (Röhrich 1966, 2f.). Und was tut die moderne Sage? Auch sie erklärt (warum ein Wagen spottbillig angeboten wird, Nr. 13); sie belehrt (daß eine Radarfalle kein Heizlüfter ist, übrigens meist an die Adresse von Frauen, Nr. 19); sie exemplifiziert (die bösen Folgen eines Spinnenbisses, Nr. 37); vor allem aber warnt sie, ja sie wird nicht müde, die Gefahren des modernen Straßenverkehrs, der Reisen in die Fremde, die Gefährlichkeit von Drogen und den Erfindungsreichtum von Dieben in den haarsträubendsten Beispielen vor Augen zu stellen. Dabei bedient sie sich vielfach des Stilmittels der Wiederholung und Übertrumpfung, da ihr die Beschwörung einer einzigen Schwachstelle noch nicht genügt. W.-E. Peuckert hat bei der Klassifikation von Schwänken von solchen „mit Nachhieb" gesprochen (vgl. Bausinger 1968, 148); es gibt auch viele moderne Sagen mit Nachhieb. Dafür zwei Beispiele aus unserer Sammlung. In Der Elefant im Safaripark (Nr. 22) wird den Besuchern im Park nicht nur der Wagen demoliert, sondern der Fahrer büßt am Ende auch noch seinen Führerschein ein. In Falscher Page (Nr. 36) genügt es nicht, daß dem Ehepaar Gepäck und Wagen abhanden kommen: es fällt auch auf den nächsten Trick der Verbrecher herein und verliert zudem noch die Wohnungseinrichtung.

Eine weitere strukturelle Besonderheit der modernen Sagenerzählungen ist die Bevorzugung des Rachemotivs. Betrogene Ehemänner lassen ihre Wut am Wagen ihrer Nebenbuhler aus (Nr. 1–2), die betrogene Ehefrau verkauft den Wagen ihres Mannes zu einem Spottpreis (Nr. 13), die HIV-infizierte Frau rächt sich an den Männern, indem sie andere infiziert (Nr. 33; vgl. Fine 1987); der provozierte Lastwagenfahrer nimmt Rache an den Fahrzeugen seiner Schädiger (Nr. 9), der Hippie hält sich für den Verlust seiner Haarpracht an den Kleidern seines Vaters schadlos (Nr. 62); der Bordellbesuch des Ehemannes rächt sich an seiner Frau (Nr. 60), usw. Bengt av Klintberg (1984) hat eine Erklärung für dieses relativ häufige Auftreten von Rachegelüsten in den modernen Sagen angeboten: Unsere Gesellschaft hat die Bestrafung von Vergehen gegen die Normen an bestimmte Institutionen delegiert; über eigene Vergeltungsmaßnahmen nachzusinnen oder selbst Rache zu nehmen, gilt gemeinhin als primitiver Wesenszug. Unter diesen Umständen bedeutet das Erzählen von Rachegeschichten eine sozial anerkannte Form der Entlastung von diesen Gefühlen, zumal wenn der Angegriffene die Strafaktion selbst ausführt. Moderne Sagen, so läßt sich resümieren, stellen sich bei näherer Betrachtung als ein Ausdruck von Ideen, Gefühlen, Befürchtungen und vor allem von Sorgen, Nöten und Ängsten der heutigen

Zeit heraus. Sie sind Indikatoren auch für die soziale und wirtschaftliche Situation eines Landes, und die Inhalte des aktuellen Erzählens (z.B. über das Ausland oder über die Fremden) sagen auch einiges über den Bewußtseinszustand einer Gesellschaft aus, die sich damit identifiziert.

3. Zur vorliegenden Ausgabe

Diese erste Sammlung moderner deutschsprachiger Sagentexte verdankt ihre Entstehung einem vom Herausgeber angeregten Seminarprojekt der Jahre 1988/89 an der Universität Göttingen. Im Rahmen ihrer Ausbildung im Fach Volkskunde/Europäische Ethnologie absolvieren die Studierenden dieser Fachrichtung im Hauptstudium ein mehrsemestriges Projekt, in welchem sie anhand einer konkreten Aufgabe an die Methoden und Probleme der empirischen Forschung herangeführt werden. Der Einstieg in das Projekt „Moderne Sagenbildung" gestaltete sich anfangs etwas schwierig, weil die aufzuarbeitende wissenschaftliche Literatur weitgehend in englischer Sprache vorliegt. Nach Ende der Einarbeitungsphase stellte sich bei den Beteiligten jedoch bald ein starkes Engagement für das Projekt ein, zumal die Relevanz der Untersuchung des alltäglichen Erzählens erkannt wurde und die Defizite der bisherigen Forschung klar zutage traten. Die Erhebung von Texten begann mit der Bestandsaufnahme des individuellen Repertoires der Teilnehmer. Hierbei gab es die ersten Überraschungen, als sich die von einigen Teilnehmern für wahr gehaltenen Geschichten als traditionelles Wandergut entpuppten. Solche typischen Reaktionen sind auch von anderen Folkloristen beschrieben worden (z.B. von Dégh 1973, 37 und Simonides 1987, 272).

Was amerikanische und englische Kollegen festgestellt haben, daß nämlich das studentische Milieu ein ausgezeichneter Nährboden für die modernen Erzählinhalte darstellt, bewahrheitete sich auch am Göttinger Beispiel. Aufgrund der ausgeprägten Kontaktfreudigkeit vieler Angehöriger der heutigen Studentengeneration und der überdurchschnittlich guten Versorgung der Universitätsstadt mit Kommunikationseinrichtungen – vor allem mit Kneipen – war der Schritt vom eigenen Repertoire zu dem anderer nicht schwierig zu vollziehen, zumal allmählich jeder Teilnehmer ein Repertoire von Erzählungen sein eigen nannte und es als Starthilfe einsetzen konnte.

Als Ziel des Projektes kristallisierte sich bald die Herausgabe einer eigenen Sammlung sagenhafter Erzählungen heraus. Dies erforderte die kritische Analyse der bereits vorliegenden Sammlungen aus anderen Ländern, nicht nur, um die eigenen Erzählungen damit vergleichen zu können, sondern auch, um aus der Sammelmethode und Editionspraxis der anderen Folkloristen zu lernen und deren Fehler zu vermeiden. Als Schwäche der amerikanischen Ausgaben von J. H. Brunvand wurde angesehen, daß es sich hierbei oft um eine bunte Mischung von mündlichen Erzählungen, schriftlichen Einsendungen, Zeitungsberichten usw. handelt, so daß der orale Charakter des Genres in den Hintergrund gedrängt wird. An den beiden englischen Anthologien von P. Smith wurde die geringe Authentizität der Quellen bemängelt, da die Texte in der Regel auf eine knappe Inhaltsangabe reduziert erscheinen. Bei der angestrebten Sammlung eigener Texte sollte es nach Möglichkeit auch vermieden werden, die Sagen nach dem Vorbild der Sageedition des 19. Jahrhunderts in einem ästhetischen Einheitsstil abzufassen. Die Texte sollten im alltäglichen Kommunikationszusammenhang erhoben werden und dementsprechend möglichst viel an sozialem Kontext der Erzähler und des Erzählens enthalten.

Bei den Vorarbeiten ergab es sich auch, daß trotz intensiver internationaler Sammeltätigkeit in vielen Ländern noch immer ein großer Mangel an authentischen Textaufzeichnungen herrscht. Als rühmliche Ausnahmen erscheinen Forscher wie G. Bennett (1985) oder B. Ellis (1987), die sich nachdrücklich für die gewissenhafte und kontextorientierte Aufzeichnung von modernen Sagenüberlieferungen ausgesprochen haben und sich bei ihren Forschungen auf eigene Tonbandprotokolle beziehen können. Dieser erstrebenswerte hohe Standard konnte bei unserem Göttinger Projekt indes nur selten erreicht werden, weil sich das Erzählen moderner Sagen schwer vorausberechnen läßt und sich die Mitteilung entsprechender Texte oft völlig spontan in alltäglichen Kommunikationszusammenhängen ergibt: am Arbeitsplatz, beim Autofahren, beim abendlichen Zusammensein in der Kneipe, bei der Party, auf dem Pausenhof, bei Spaziergängen usw. Wer hat als Sagensammler bei diesen Gelegenheiten schon immer sein Tonbandgerät zur Hand? Viele der in dieser Ausgabe enthaltenen Texte sind daher als Gedächtnisprotokolle vorausgegangener Erzählsituationen zu verstehen, ein nicht geringer Teil geht aber auch auf Tonbandaufnahmen zurück. Alle Texte erheben jedenfalls den Anspruch, in dieser oder annähernd ähnlicher Form von den Erzählern mündlich mitgeteilt worden zu sein. Von der sprachlichen Ausdrucksform ist in vielen Fällen auch auf die Haltung der Erzähler zu ihren Texten – engagiert oder distanziert – zurückzuschließen, wie dies G. Bennett (1988) empfohlen hat.

Die vorliegende Ausgabe will mehr sein als lediglich eine Sammlung von modernen Sagenerzählungen aus studentischem Milieu. Der Herausgeber selbst hat ca. 30 Texte beigetragen, die dem eigenen Freundes- und Kollegenkreis entstammen. Den Projektteilnehmern war außerdem aufgetragen worden, in der vorlesungsfreien Zeit auch über die gewohnten Kommunikationskreise hinaus nach einschlägigen Erzählungen zu fahnden: im Elternhaus, am Arbeitsplatz bei Ferienjobs, auf Urlaubsreisen etc. Dadurch wurde die anfängliche Fixierung auf den Hochschulort allmählich durchbrochen, es kamen Belege aus anderen Gebieten – z.B. aus Süddeutschland und Österreich – hinzu, obwohl der Schwerpunkt der Sammlung nach wie vor im nordwestlichen Deutschland liegt.

Der erfolgreiche Verlauf des Projekts blieb auch den Massenmedien in der Bundesrepublik Deutschland nicht verborgen. Ein Bericht in der Lokalpresse rief zunächst die regionalen Rundfunkanstalten auf den Plan, und zum Schluß verging kaum eine Woche, in der nicht in irgendeinem großen Print- oder Bildmedium über unsere Arbeit berichtet wurde. Dadurch erhielten wir in der Endphase unseres Vorhabens viele Zuschriften und Anfragen, aber bei den unaufgefordert eingesandten Texten waren nur verschwindend wenige neue Erzähltypen, die wir in unserer Kartei noch nicht erfaßt hatten. Somit dienten die Leserbriefe in der Hauptsache als Korrektiv unserer eigenen Sammlung. Wir haben an dem Prinzip festgehalten, nur mündlich bezeugte Geschichten aufzunehmen und deshalb der Versuchung widerstanden, gut erzählte Varianten aus den Leserzuschriften zu berücksichtigen (mit Ausnahme von Nr. 44). Nur in den Kommentaren haben wir hin und wieder auf diese brieflichen Mitteilungen zurückgegriffen. Den Kommentaren kommt die Aufgabe zu, die möglichen Beziehungen der Texte zu älteren Erzähltraditionen herzustellen und auf Parallelen in der internationalen Literatur zu verweisen. Die Kommentare wurden von den jeweiligen Aufzeichnern der Geschichten entworfen und sollten nicht zuviel an Deutung enthalten, da das Entschlüsseln und Analysieren der Erzählungen dem Leser selbst vorbehalten bleiben soll. Vor allem von der in der Forschung oft praktizierten tiefenpsychologischen Deutung der modernen Erzählungen (vgl. z.B. Dundes 1975, Carroll 1987, Hallissy 1987, Glazer 1988) haben wir Abstand genommen.

Wir räumen gerne ein, daß diese Anthologie auch ein wenig Aufklärungsarbeit leisten soll: Mancher Leser, der die eine oder andere darin enthaltene Geschichte bisher für wahr und verbürgt gehalten hat, wird aus der Sammlung lernen, daß auch andere Menschen an anderen Orten die gleichen Geschichten für bare Münze genommen haben. Die Erzählungen erscheinen ihm dann vielleicht in neuem Licht: als internationales, teilweise sogar langlebiges Wandergut, was aber sicher andere nicht daran hindern wird, sie wiederum als tatsächliche Ereignisse anzusehen. Dies hängt damit zusammen, daß die Glaubwürdigkeit und Plausibilität der Geschichten in vielen Fällen tatsächlich sehr hoch ist. Es wäre falsch, die Erzähler, die die Geschichten mit den entsprechenden Wahrheitsbeteuerungen wiedergegeben haben, der Verbreitung von Lügengeschichten zu zeihen: es sind ja keine Lügen, die erzählt werden, sondern Ereignisse, die tatsächlich passiert sein könnten. Mancher Erzähler wird durch die Aufnahme solcher Geschichten in sein Repertoire seine Kompetenz als Geschichtenerzähler und somit sein Prestige in seinem Sozialmilieu gesteigert haben, selbst auf die Gefahr hin, daß seine Story irgendwann als unwahr entlarvt wird (vgl. Lehmann 1983, 31). Zudem sichert sich ja jeder Erzähler vor einer möglichen Nachprüfung ab, indem er zwischen sich und seine Quelle noch eine weitere (und vielleicht sogar noch eine zusätzliche) Vermittlungsstufe einschaltet, den Freund eines Freundes, die Schwester einer Kollegin, etc. In vielen Fällen ist die Identifikation der Erzähler mit ihren Geschichten so stark, daß man fast annehmen könnte, sie hätten das Erzählte selbst erlebt. Mit Recht hat man die modernen Erlebnissagen daher als „Ich-Erzählungen in der dritten Person" (Nicolaisen) bezeichnet.

Es wäre falsch, in diesen sagenhaften Geschichten nur harmlose, mündlich überlieferte Folklore sehen zu wollen. Wenn die Erzählinhalte eine Zielrichtung gegen bestimmte Gruppen unserer Gesellschaft, gegen Außenseiter, Randgruppen oder Ausländer nehmen, werden sie unter Umständen zur gefährlichen Waffe im Dienste von Diskriminierung, Ausgrenzung und Diffamierung, zumindest sind sie Ausdruck von Vorurteilen gegenüber anderen. Hier grenzen die modernen Erzählungen an die verwandten Inhalte und Funktionen von Gerücht (Fine 1987) und Klatsch (Bergmann 1987). Gerüchte werden vielfach in Umlauf gesetzt, um Andersdenkende zu schädigen. Es braucht hier nur an die Gerüchte um angebliches Quecksilber in israelischen

Orangen (Bregenhøj 1978) oder um angebliches LSD auf Kinderklebebildchen (Nr. 92) erinnert zu werden. Bedenklich ist es, daß immer wieder auch die Massenmedien auf Gerüchte dieser Art hereinfallen, bevor sie mit nachgeschobenen Dementis den Gerüchtecharakter ihrer eilfertig verbreiteten Sensationsmeldungen zurücknehmen müssen. Ein besonders eklatantes Beispiel für eine solche „unendliche Legende" – den angeblichen Verkauf paraguayanischer Babys an Organbanken in US-amerikanischen Kliniken – hat Hans-Ulrich Stoldt am 28. Oktober 1988 in der Wochenzeitung DIE ZEIT vorgeführt. Moderne Sagen sind manchmal nichts anderes als erzählerisch ausgestaltete Gerüchte. Außerdem bestehen hier auch offensichtliche Parallelen zum modernen Witz, der in ähnlicher Weise wie Sage und Gerücht, aber oft noch sehr viel aggressiver z.B. auf das Ausländerproblem reagiert (vgl. Nierenberg 1984). Künftige Forschungen auf dem Gebiet der Gegenwartsvolkskunde werden sicher gut daran tun, sich nicht auf eine bestimmte Gattung des Erzählens zu beschränken, sondern den modernen „homo narrans" insgesamt in den Blick zu nehmen.

Wir haben bei der Zusammenstellung der vorliegenden Sammlung darauf geachtet, keine Texte mit deutlichen Affinitäten zu schädigenden Gerüchten oder ethnischen Witzen aufzunehmen. Zudem haben wir die Zahl der Geschichten, in denen Vorbehalte gegen bestimmte Minderheitengruppen, fremde Länder, bestimmte Speisen und Getränke u.ä. zum Ausdruck kommen, auf ein sehr geringes Maß reduziert. Ganz darauf verzichten konnten wir allerdings nicht, da es sich hier um einen wichtigen, wenn auch problematischen Bestandteil des heutigen Erzählens handelt.

Die vorliegende Auswahl erhebt zwar keinerlei Anspruch auf Vollständigkeit, sie vermag aber zu zeigen, daß es bei konzentrierter und intensiver Recherche möglich ist, eine Textsammlung zusammenzutragen, die vom Umfang und Inhalt her den Vergleich mit den in anderen Sprachen vorliegenden Ausgaben nicht zu scheuen braucht.

Zum Schluß ist es mir ein Bedürfnis, allen denen meinen gebührenden Dank abzustatten, die durch ihre erfolgreiche und einsatzfreudige Mitarbeit an dem Projekt das Zustandekommen dieses Buches ermöglicht haben. Es sind dies: Birte Asmuß, F. W. Brandt, Simone Girnth, Christine Göhmann, Christina Hemken, Michael Hesemann, Angelika Kindermann, Ulrike Könnecke, Gudrun Lappe, Michaela Linge, Angelika Netzband-Knopp, Cornelia Röhlke, Kristine Schmidt, Dagmar Timm, Andreas Upmann, Frauke Wedler und Irene Wroblewski. Darüber hinaus gilt der Dank allen Erzählern und Beiträgern, deren Texte ein aufschlußreiches Bild von den Formen und Inhalten heutigen Erzählens vermitteln.

Göttingen, im August 1989   *Rolf Wilhelm Brednich*

I. Auto und Verkehr

1. Sportcabriolet mit Betonfüllung

Einem Bekannten meines Deutschlehrers, der Fernfahrer ist, ist folgendes passiert: Er kam von einer seiner Fahrten einmal früher als sonst zu seiner Frau zurück und hatte sie in der gemeinsamen Wohnung in einem Neubaugebiet von Neuhaus im Solling mit ihrem Geliebten überrascht. Die Frau und der Geliebte sagten ihm, er solle sich nicht so anstellen und sie allein lassen. Das tat er auch, lieh sich auf einer benachbarten Baustelle dieses Neubaugebietes von einem Kumpel einen vollen Betonmischer aus und füllte damit das offene Cabriolet des Liebhabers, das noch vor der Haustür stand, voll.

Die Geschichte erzählte ein Lehrer in der Schule von Northeim 1977. Seit ca. 1950 ist sie in Nord-Amerika, England, Schweden und Norwegen nachweisbar. Man findet sie bei Smith (1983, 87) unter dem Titel „The husband's revenge". In vielen Varianten schädigt sich der Rächer allerdings selbst, denn das Sportcabriolet war ein Geburtstagsgeschenk seiner Frau und der vermeintliche Nebenbuhler der Autoverkäufer, der mit dem Kaufvertrag zu seiner Frau gekommen war. Die beiden folgenden Varianten gehören zum gleichen Typ.

2. Das ausgeschäumte Auto

Ein Mann fuhr jeden Tag durch eine kleine Straße zur Arbeit. Erstaunt merkte er, daß um einen geparkten Wagen etliche Menschen herumstanden und diskutierten. Er hielt an und stieg aus, um sich das Ganze anzuschauen. Was war geschehen? Ein großer Mercedes stand dort mit einem eingeschlagenen Seitenfenster. Jemand hatte eine große Ampulle Montageschaum geöffnet und durch das Fenster in den Wagen geworfen; der ausströmende Inhalt hatte ihn völlig ausgeschäumt. Der später ermittelte Täter begründete die Tat damit, daß es aus Rache geschehen sei, denn der Besitzer des Wagens sei der Liebhaber seiner Frau.

Erzählt wurde die Geschichte von einem Kollegen des Mannes, der das Auto 1976 selbst gesehen haben wollte.

3. Mistwagen

Ein Mann parkte seinen offenen Sportwagen an einer Landstraße direkt vor einem Feldweg. Ein Bauer, der Mist auf den Acker bringen wollte, fand die Zufahrt zu seinem Land versperrt. Der Besitzer des Autos war nicht zu sehen. Voller Wut kippte der Landmann daraufhin seine Ladung in das offene Cabriolet und fuhr weg.

Diese Geschichte erzählte ein Steuerprüfer aus Göttingen bei einer Grillfete im August 1988, als das Gespräch auf rasante Sportwagenfahrer kam. Sein Schlußsatz war: „Na, der muß dumm geguckt haben, als er wieder zu seinem Auto kam!" Er erklärte, daß es sich bei dieser Geschichte um eine Meldung in der „Süddeutschen Zeitung" vom 13./14. August (?) 1988 gehandelt habe.

4. Die behaarte Hand

Variante a

Eine junge Frau wird in der Tiefgarage eines Kaufhauses in Braunschweig von einer älteren Dame gebeten, sie mitzunehmen, da sie ihren Bus verpaßt habe. Als die ältere Dame in das Auto steigt, bemerkt die junge Frau, daß sie an Händen und Armen sehr behaart ist, und wird mißtrauisch. Sie beschließt, die Dame zu bitten, noch einmal auszusteigen, um ihr beim Herausfahren aus der Parklücke behilflich zu sein. Als dies geschehen ist, hält die junge Frau jedoch nicht an, sondern fährt einfach davon. Zu Hause angekommen, entdeckt sie im Auto eine Plastiktasche, die der älteren Dame gehören muß. Als die junge Frau hineinschaut, findet sie ein Beil. Daraufhin beschließt sie, zur Polizei zu gehen, um diesen Vorfall zu melden, und erfährt, daß zur Zeit ein junger Frauenmörder gesucht wird, der seine Opfer mit einem Beil tötet.

Erzählt wurde dem Aufzeichner die Geschichte vor einigen Jahren in Braunschweig von einer Bekannten, deren Freundin sie wiederum von einer Bekannten gehört hatte, die behauptete, daß es ihr passiert sei.

Variante b

In Braunschweig ist eine Frau ins Parkhaus zu ihrem Auto gegangen. Da kam so ein altes Mütterchen, hat gefragt, sie hätte ihren letzen Bus verpaßt, ob sie mit ihr nach Wolfenbüttel fahren könne. Es sei eine besondere Situation, der Bus sei weg. Naja, die Frau hat sich darauf eingelassen und hat die Alte mitgenommen. Sie hat aber schon beim Einsteigen gesehen, daß der anderen der Ärmel hochgerutscht ist und daß deren Arm so behaart war. Die Fahrerin hat deshalb unterwegs einen Vorwand gesucht, angehalten und gefragt, ob die Frau mal eben draußen am Auto etwas halten könnte. Kaum war die alte Frau aus dem Auto, hat die Besitzerin Vollgas gegeben, ist durchgestartet und weggesaust. Die Tasche ihrer alten Mitfahrerin war auch noch im Auto. Da hat sie dann hineingeguckt, und da war ein Strick drin. Das ist wirklich passiert.

Studentin (25 Jahre) in der Kneipe, 23. 11. 1988 in Göttingen. Diese Erzählung gehört in den Umkreis der weltweit verbreiteten Berichte von verschwundenen oder gefährlichen Anhaltern. Eine von H. Bausinger mitgeteilte Variante berichtet von einer Krankenschwester, die als Anhalterin mitgenommen wird und aufgrund ihrer starken, behaarten Hände bei einer vorgetäuschten Autopanne gebeten wird auszusteigen, um den Wagen anzuschieben. In diesem Moment fährt der Autofahrer davon. Bei der Polizei liefert er den Koffer der Krankenschwester ab, in dem sich ein blutiges Messer befindet. Diese Geschichte wird sogar in einem Handbuch für Volkswagenfahrer erwähnt (Bausinger 1968, 184). Im „Göttinger Tagblatt" vom 7. Mai 1982 werden drei Varianten dieser Sage von der behaarten Hand wiedergegeben, die sich zu Göttingen und Braunschweig abgespielt haben sollen.

Eine ähnliche Geschichte, die man als Urform bezeichnen könnte, erschien bereits in den „Sollinger Nachrichten" vom 22. Januar 1896 (36. Jg. Nr. 3):

„Ein eigenartiges Abenteuer, das man einem Hintertreppenroman entnommen glauben könnte, wird aus Dünkirchen gemeldet. Der dortige Weinhändler Katrice, der häufig nach Belgien reist und zu diesem Zweck einen leichten Wagen hat, kehrte vor einigen Tagen mit bedeutenden Summen aus Furnes zurück. Er war kaum über die Grenze gekommen, als an einem Kreuzwege ein altes, von der Last der Jahre gekrümmtes Weib, das in einen weiten Kapuzenmantel gehüllt war, ihm entgegen trat und ihn mit zitternder Stimme bat, sie auf seinem Wagen mitzunehmen. K. gewährte die Bitte der alten Frau, die ihm zuerst einen schweren Korb reichte, den er im Wagen unterbrachte, worauf er ihr, die fortwährend jammerte und ächzte, beim Aufsteigen behilflich zu sein suchte. Überrascht und erschreckt fuhr er zurück: die Hand, die ihm entgegengestreckt wurde, war breit, rauh und schwielig. Er hob mit einem Ruck die Kapuze in die Höhe, die das Gesicht der Alten verhüllte und sah das bärtige Gesicht eines kraftstrotzenden Mannes! Er verlor aber nicht seine Kaltblütigkeit, sondern gab dem Kerl einen so heftigen Tritt in's Gesicht, daß derselbe auf die Böschung des Weges geschleudert wurde. Dann peitschte er auf sein Pferd ein und fuhr im rasenden Galopp davon. Als er den Korb untersuchte, fand er in demselben einen geladenen Revolver, einen Dolch, eine Axt und einen schweren Hammer."

Eine schlesische Variante aus dem 19. Jahrhundert haben wir im Vorwort zu dieser Ausgabe (oben S. 14f.) mitgeteilt.

Zur Überlieferungsgeschichte des ‚Vanishing Hitchhiker' vgl. Brunvand 1981, 30–45.

5. Die abgetrennte Hand

Ein entfernter Bekannter einer Kollegin fuhr bei Nacht über eine einsame Landstraße. Er sah einen Anhalter auf der Straße stehen und stoppte. Der Fremde kam zum Auto. Im letzten Moment bemerkte der Fahrer einen Schlagring in der Hand des Anhalters. Er gab Gas und floh, vernahm aber noch einen dumpfen Schlag an seinem Wagen. Er fuhr in die nächste Ortschaft, um die Polizei zu verständigen. Als er sein Fahrzeug untersuchte, entdeckte er, daß die hintere Seitenscheibe eingeschlagen war. Auf dem Rücksitz lag die abgetrennte Hand des Anhalters mit dem Schlagring.

Diese Geschichte erzählte die damals 25jährige Schwester der Aufzeichnerin aus Braunschweig bei einem Telefongespräch im Herbst 1978. Damit wollte sie die Aufzeichnerin warnen, ständig selbst Anhalter von der Straße mitzunehmen. Linda Dégh (1968a), die zuerst im amerikanischen Bundesstaat Indiana auf diesen Sagentyp gestoßen ist, führte ihn unter dem Titel ‚The Hook' in die Forschung ein; seitdem ist er auch in Europa vielfach bezeugt.

6. Rocker als Anhalter

Ein Autofahrer nimmt zwei Rocker als Anhalter mit. Unterwegs werden ihm seine Fahrgäste jedoch unheimlich, weshalb er sie bei einem Halt auffordert auszusteigen. Die beiden schimpfen zwar, kommen seiner Aufforderung aber trotzdem nach. Als der Fahrer wieder anfährt, hört er an seinem Kofferraum einen dumpfen Schlag. Zu Hause angekommen, bemerkt er ein Loch im Kofferraumdeckel. Er öffnet ihn und findet im Kofferraum die Hand des einen Anhalters, die noch einen Schlagring umklammert hält.

Diese Geschichte berichtete ein Göttinger Student, 28 Jahre, bei einer Geburtstagsnachfeier im November 1988, nachdem ihm die Aufzeichnerin von der oben wiedergegebenen Variante (Nr. 5) berichtet hatte. Beiden Texten ist das Motiv der abgeschlagenen Hand gemeinsam, die letztere Erzählung ist durch die Einführung von Rockern leicht modernisiert. Nach einem Bericht der Illustrierten „Stern" vom 3. Mai 1982 hat der Gießener Soziologe Klaus Merten die Spuren dieser Geschichte in über 400 Gesprächen rund 10 000 km weit verfolgt, ohne ihren „Erfinder" oder ihren Ursprung nachweisen zu können. Nach seiner Erfahrung handelt es sich um ein unausrottbares „Gerücht", der Erzählforscher spricht dagegen eher von einer Grusel- oder Horrorgeschichte. Zum „Killer in the Backseat" vgl. Brunvand 1981, 46–50.

7. Finger in der Autotür

Ein Mann fährt allein in der Dunkelheit auf einer einsamen Landstraße durch den Reinhardswald. Plötzlich erkennt er einen Gegenstand auf der Fahrbahn. Er denkt sofort an einen Unfall, hält an und steigt aus. Als er näherkommt, bemerkt er, daß es sich offensichtlich um eine Falle handelt, denn auf der Straße liegt nur ein Mantel. Er läuft zum Auto zurück, steigt hastig ein und spürt plötzlich eine Hand auf seiner Schulter. In panischer Angst reißt er die Autotür zu und rast los. Während der Fahrt versucht er sich einzureden, daß er sich die Sache mit der Hand bloß eingebildet habe. Doch als er aussteigt, fallen vier Fingerkuppen aus der Autotür.

Diese Geschichte wurde der Aufzeichnerin im Mai 1988 von einem Mitbewohner (23 Jahre) erzählt. Sie war zuvor seiner Mutter von einem Bekannten erzählt worden, in dessen Bekanntenkreis sie sich zugetragen haben soll.
    Die Geschichte war auch anderen Projektteilnehmern aus Göttingen bekannt, wobei es allerdings unterschiedliche Gegenstände waren, die auf der Straße lagen. In einem Fall war es eine Schaufenster-, in einem anderen eine Babypuppe. Auch in Schweden ist die Sage zu finden (Klintberg 1986, 45).

8. Verhängnisvolle Autopanne

Variante a

Ein älteres Ehepaar war in der Nähe der Löwenburg spazierengegangen. Als sie zu ihrem geparkten Auto zurückkehren, ist es bereits dunkel geworden. Sie steigen ein, doch als der Mann starten will, streikt der Wagen. Nachdem sich auch nach mehreren Versuchen nichts tut, will der Mann Hilfe holen. Seiner Frau rät er, falls sie ängstlich werden sollte, das Autoradio anzustellen. Aber er will sich beeilen.

Natürlich bekommt die Frau mit der Zeit Angst, denn die Nähe der finsteren Burgruine und des Waldes sind ihr unheimlich. Also macht sie das Radio an. Nach ein paar Minuten wird das Programm für eine Durchsage der Polizei unterbrochen: aus einer Anstalt in der Umgebung sei ein äußerst gefährlicher Mann entflohen ...! In ihrer Panik macht die Frau das Radio sofort wieder aus. Sie will lieber erst gar nicht wissen, wo die Polizei ihn vermutet. Plötzlich scheint es ihr, als husche eine Gestalt über den Parkplatz. Doch weiter geschieht nichts. Also versucht sie sich zu beruhigen und denkt, daß ihr nur ihre eigene Angst einen Streich gespielt habe. Kurz darauf hört sie Geräusche auf dem Dach des Autos und anschließend ein gleichmäßiges Klopfen. Jetzt gerät sie wirklich in Panik, weil es nach einem Eichhörnchen wirklich nicht klingt. Als sie noch überlegt, was sie nun bloß tun solle, hört sie plötzlich mehrere Autos auf den Parkplatz fahren. Scheinwerfer werden auf ihren Wagen gerichtet. Eine Stimme ertönt: „Hier spricht die Polizei, bleiben Sie ganz ruhig sitzen, verlassen Sie das Auto nicht!" – Und auf dem Dach hat der Entflohene gesessen und weiter mit dem abgetrennten Kopf des Ehemannes auf das Blech geklopft.

Erzählt wurde die Geschichte während einer Kaffeerunde im Sommer 1988 von einer Studentin (23 Jahre). Sie selbst hatte sie in Kassel gehört, konnte sich allerdings nicht mehr erinnern, von wem und bei welcher Gelegenheit.

Variante b

Ein junges Paar aus Bodenwerder, das bald heiraten wollte, fuhr bei Lauenstein nachts über den Ith. Auf einmal geht der Sprit mitten im Wald aus. Der Mann geht los und will bei der nächsten Tankstelle Benzin holen. Die Frau bleibt im Auto sitzen. Aus der Psychiatrischen Klinik Lauenstein war gerade ein älterer Mann ausgebrochen. Als der Mann, der das Benzin holen will, auf den älteren Mann zugeht, fühlt der sich bedroht und haut ihm mit einer Axt den Kopf ab. Er irrt durch den Wald. Dann geht er mit dem abgeschlagenen Kopf zu dem Auto und hält ihn vor sein eigenes Gesicht. Die Frau denkt, das ist ihr Verlobter. Da legt er den Kopf vorn auf die Kühlerhaube. Sie erschreckt sich total und schafft es gerade noch, das Auto zu verrammeln. Er versucht reinzukommen, es gelingt ihm aber nicht, und er verschwindet wohl wieder. Die Frau ist jetzt in der psychiatrischen Klinik, und der ältere Mann wurde im Wald, weil er für Wild gehalten wurde, erschossen.

Erzählt wurde diese Geschichte im Februar 1989 in Bodenwerder im Kreis 18jähriger Schülerinnen. Die Erzählerin zweifelte daran, daß der Irre für Wild gehalten wurde. Ganz sicher sei aber, daß er im Wald erschossen wurde. Sie nannte auch die Straße, in der die junge Frau gewohnt haben soll. Um der Erinnerung ihrer Freundinnen nachzuhelfen, beschrieb sie vor allem die blonden Locken der jungen Frau. „Ihr kennt sie ganz bestimmt!"

Anzumerken ist noch, daß es in Lauenstein keine Psychiatrische Klinik gibt.

Anderen Projektteilnehmern war diese Geschichte ebenfalls, unter anderem auch aus Lüneburg bekannt. Die Ausgangssituation ist immer die gleiche: ein Paar ist mit dem Auto unterwegs, und aus irgendeinem Grund verläßt der Mann das Auto und läßt Ehefrau oder Freundin allein zurück. Eine Variante spielt im Ausland während einer Reise. Bei einem Unfall wird durch das Auto des Paares ein kleines Kind getötet. Da es eine verlassene Gegend ist, entschließt sich der Mann, in den nächsten Ort zu laufen, um von dort die Polizei zu benachrichtigen. Die Frau bleibt am Unfallort. Als der Mann zurückkehrt, ist die Frau bereits von Angehörigen des Kindes gelyncht und erhängt worden. Hier wie bei den anderen bekannten Geschichten ist das Ende für einen der beiden Beteiligten tödlich.

In der Literatur fanden sich Hinweise auf die Verbreitung in den USA („The Boyfriend's Death"; Dégh 1968b) und in Schweden (Brunvand 1981, 18; Barnes 1984, 71; Klintberg 1986, 89). In Deutschland nahm Knierim in seinem Aufsatz „Auto, Fremde, Tod" eine Analyse solcher Auto- oder Reisegeschichten anhand von selbstgesammelten Erzählungen vor (Knierim 1985, 230–244). Er bezeichnet darin Tod und Verstümmelung als die wesentlichen Bestandteile der von diesen Geschichten ausgeübten Faszination. In der Regel handelt es sich dabei um „Grenzüberschreitungen", d.h. der gewohnte Bezugsrahmen wird verlassen, man begibt sich in eine fremde Umgebung. Daraufhin kommt es zu einer Fahrtunterbrechung, diese führt wiederum zu einer Öffnung des Wageninneren. Durch diese Öffnung gerät das Leben derjenigen, die den Wagen verlassen haben, in Gefahr. Aber ganz gleich, wem die Bedrohung gilt, der einzige Ausweg wäre die schnelle Flucht mit dem Auto. In den Fällen, in denen dies noch gelingt, bleibt die Bedrohung von außen in Form abgeschlagener Finger oder einer Hand zurück (Texte 5–7). In der hier aufgeführten Erzählung aber ist die Möglichkeit einer Flucht mit Hilfe des Autos ausgeschlossen. Der Mann verläßt den „Schutzraum" des geschlossenen Wagens – ein verhängnisvoller Fehler!

9. Rache des Lastwagenfahrers

Ein Lastwagenfahrer hat die Fahrt unterbrochen, um in einer kleinen Raststätte auf dem Land ein Frühstück einzunehmen. Als er gerade beim Kaffee sitzt, biegen drei Motorradfahrer in Lederjacken auf schicken Highrisermaschinen auf den Parkplatz ein und setzen sich zu dem Fernfahrer an den Tisch. Sie versuchen, ihn in ein Gespräch zu ziehen, aber als er einsilbig bleibt, beginnen sie damit, ihn anzupöbeln: der eine ißt seine Spiegeleier auf, der zweite nimmt sich die Pommes frites, und der dritte zieht die Tasse Kaffee zu sich herüber und trinkt sie aus. Der Fernfahrer läßt sich durch all dies nicht provozieren, bleibt ungerührt, zahlt bei der Wirtin seine Zeche und geht. Als er weg ist, meinen die Motorradfahrer zur Wirtin: „Das war aber mal ein ängstlicher Mann!" – „Ja", erwidert die Wirtin, „und ein schlechter Autofahrer ist er auch; gerade hat er beim Zurücksetzen drei Motorräder plattgefahren!"

Quelle: 28 Jahre alte Göttinger Studentin, die die Geschichte beim Trampen von einem Fernfahrer aus Norddeutschland gehört hat, der den ‚Helden' der Erzählung persönlich gekannt haben will. Die gleiche Geschichte wird von Smith (1986, 39) auch für England nachgewiesen. Ihm zufolge ist sie zuerst Mitte der 60er Jahre im amerikanischen Bundesstaat Indiana aufgezeichnet worden. 1977 wurde das Thema in dem Film „Smokey and the Bandit" verwendet. Immer sind es übrigens Angehörige irgendeiner Randgruppe, die provozieren und an denen Rache geübt wird: insofern ist diese Geschichte, die auch einmal in der Zeitschrift „Stern" (Nr. 20, 13. 5. 1982, 230) veröffentlicht wurde, Ausdruck von Vorurteilen unserer Gesellschaft gegenüber bestimmten Gruppen.

10. Kopfloser Motorradfahrer

Variante a

Von einem PKW-Fahrer, der einmal in großer Gefahr war, wurde die folgende Geschichte erzählt:

Ich fuhr mit meiner Familie auf der Autobahn von Göttingen nach Nörten-Hardenberg. Plötzlich überholte uns ein Motorradfahrer ohne Kopf mit aufheulender Maschine. Ich bremste vor Schreck und wurde nun von einem LKW überholt, der Stahlplatten geladen hatte. Eine dieser Platten ragte über das Heck des Wagens hinaus. Auf dieser Platte lag der abgerissene Kopf. Als ich das sah, verlor ich die Nerven und fuhr in den Graben.

Diese Geschichte erzählte ein Student 1982 in einem Göttinger Café.

Variante b

In der Nähe von Frankfurt fuhr einmal ein Motorradfahrer auf der Autobahn. Er wurde von einem Lastwagen überholt. Aus der Ladefläche des Wagens ragte waagerecht eine Metallplatte heraus, die den Motorradfahrer köpfte. Der Fahrer des Motorrades fuhr noch einen halben Kilometer ohne Kopf hinter dem Lastwagen her.

Diese Horrorgeschichte, die ein Niederländer dem Projekt zusandte und die er 1972 in einer Sachsenhausener Äppelwoikneipe gehört hatte, ist in ganz Westeuropa, Nordamerika und Australien bekannt. Charles Dickens berichtet in seinen Pickwick Papers schon 1837 von einem ähnlichen Unfall im Zeitalter der Postkutsche. In einer modernen Variante bei Smith (1986, 45) ist noch davon die Rede, daß der Lastwagenfahrer beim Anblick des kopflosen Motorradfahrers einen Herzanfall erleidet und sein Wagen in eine Bushaltestelle hineinrast, wo er eine Mutter mit Kind überfährt. Chester Himes hat diese Geschichte in seinem Kriminalroman „All Shot Up" (New York 1960) verwendet; vgl. die deutsche Übersetzung „Harlem dreht durch", Reinbek 1976, 65.

11. Rolls Royce

Ein Rolls Royce-Fahrer hat in Hildesheim eine Panne mit seinem Wagen. Er meldet sich telefonisch bei seinem Händler und beschwert sich dort. Kurze Zeit später liefert dieser mit dem Kommentar, daß ein Rolls Royce keine Panne haben könne, einen neuen Wagen. Der Fahrer hat nie eine Rechnung bekommen.

Quelle: Erzählt 1978 in Hannover auf einer Tagung für Hochfrequenztechnik. Weitere Geschichten dieser Art beschreibt Sanderson (1969, 246f.).

12. Porsche mit Leichengeruch

Die Freundin eines Braunschweiger Kollegen erzählte mir, der Kollege habe eines Tages seinen Augen nicht getraut, als in der Zeitung ein Porsche für sage und schreibe DM 100,– angeboten war. Er fuhr hin und bekam tatsächlich den Wagen zu diesem Preis. Das Auto sei deshalb so günstig, weil sich darin jemand mit Abgasen vergiftet habe; die Leiche sei aber erst ein halbes Jahr später gefunden worden. In dieser Zeit war der Leichengeruch in alle Polster und Bezüge gedrungen und war nicht mehr zu entfernen. Der Käufer mußte alle Sitze, den Stoffhimmel, die Teppiche usw. herausreißen und erneuern, um das Auto wieder gebrauchen zu können.

Diese Geschichte erzählte eine Fernmeldeassistentin aus Braunschweig, 25 Jahre, als sie sich im Jahre 1978 ein neues Auto gekauft hatte.

Als „The Death Car" ist diese Sage in allen einschlägigen Sammlungen von „Modern legends" seit Brunvand (1981, 27f.) über Smith (1983, 79), Klintberg (1986, 21f.) bis zu Virtanen (1987, 55) mit zahlreichen Varianten vertreten.

E. W. Heine hat aus dem Stoff eine moderne literarische Horrorgeschichte geformt: Bei ihm handelt es sich um einen silbergrauen Mercedes 450, der für einen unglaublich niedrigen Preis annonciert wird. Die Verkäuferin nimmt nach wenigen Wochen den Wagen mit dem Pesthauch, in welchem sich angeblich ihr Sohn umgebracht hat, zurück, läßt sich aber eine Nutzungsentschädigung zahlen. Es stellt sich heraus, daß sie zwischen zwei Verkäufen mit faulendem Fleisch dafür sorgt, daß der Leichengeruch erhalten bleibt, und von den „Entschädigungen" bestreitet sie ihren Unterhalt. (E. W. Heine: Hackepeter. Neue KilleKille Geschichten, Zürich 1984, 28–38: Lila Leichengift).

13. Der spottbillige Wagen

Ein Mann in New York hat im letzten Jahr nach einem Gebrauchtwagen gesucht. Eines Tages liest er in der Zeitung eine Annonce: Fünf Dollar für einen Chevrolet. Er kann es nicht glauben. Trotzdem ruft er die Nummer an. Eine Frau am anderen Ende sagt ihm: „Ja, das Auto ist noch zu verkaufen, fünf Dollar stimmt", er solle nur vorbeikommen. Als er dort ankommt, handelt es sich tatsächlich um einen tadellosen Wagen, die Versicherung ist für ein Jahr im voraus bezahlt, alles ist in Ordnung. Er kann das kaum glauben und zahlt der Frau schnell die fünf Dollar. Sie gibt ihm die Papiere, und endlich fragt er sie: „Warum kostet der Wagen nur fünf Dollar?" Die Frau antwortet: „Das ist das Auto meines verstorbenen Mannes, und in seinem Testament steht, daß dieses Auto verkauft werden und der erzielte Gewinn an seine ehemalige Sekretärin gegeben werden soll. Aber ich habe noch Briefe bei seinen Unterlagen gefunden, aus denen ich erfahren habe, daß sie seine Geliebte war!"

Quelle: Eine Besucherin der Universität Göttingen aus den USA im Februar 1989, die die Geschichte kurz vor ihrer Abreise in New York gehört hatte. Sie ist sicher, daß es die Erzählung bald auch in Europa geben wird (und durch ihre Erzählung hat sie selbst dazu beigetragen). Tatsächlich existieren in verschiedenen europäischen Ländern schon Aufzeichnungen dieser Geschichte, so in England bei Sanderson (1969, 249), Smith (1983, 84) und Dale (1984, 39f.), in Schweden (Klintberg 1986, 21f.) und Finnland (Virtanen 1987, 58). In der amerikanischen Variante bei Brunvand (1982, 29f.) ist von einem spottbilligen Porsche die Rede („The Philanderer's Porsche").

14. Das verräterische Kissen

Bekannte einer Freundin wollten der Polizei einmal ein Schnippchen schlagen: sie planten, mit mehr als doppelter Geschwindigkeit durch einen Baustellenbereich auf der Autobahn zu fahren. Um nicht erkannt zu werden, montierten sie die Nummernschilder ihres Autos ab und zogen sich Masken über das Gesicht. So getarnt, rasten sie auf der Autobahn zwischen Hamburg und Kiel entlang. Sie wurden geblitzt, doch sie glaubten natürlich, daß sie unerkannt bleiben würden. Nach wenigen Tagen flatterte ihnen jedoch ein Strafbescheid ins Haus. Sie hatten nämlich vergessen, das mit dem Kennzeichen des Autos bestickte Kissen von der rückwärtigen Ablage zu nehmen.

Diese Geschichte wurde der Aufzeichnerin während einer Autobahnfahrt im September 1988 von einer 22jährigen Bekannten erzählt, die betonte, daß die Geschichte wahr sei, da ihre Freundin die ‚Rennfahrer‘ selbst kenne.
  Eine Variante dieser Erzählung tauchte im Sommer 1988 in Göttingen auf. Tatort der Rennfahrt war die Göttinger Innenstadt etwa ein Jahr zuvor. Gedruckte Varianten sind uns bisher nicht bekannt.

15. Fahrendes Skelett

In einem Dorf in der Nähe von Celle hat einmal jemand einen schlimmen Unfall gebaut, weil er durch einen entgegenkommenden Wagen schwer irritiert wurde. Der Fahrer des Wagens, ein Engländer, hatte nämlich ein Skelett auf seinem Beifahrersitz angeschnallt. Und so dachte der Verunglückte, daß das Skelett am Steuer sei, weil es auf der linken Seite saß.

Erzählt wurde diese moderne Sage von einer Studentin im November 1988 in Göttingen beim Abendbrot in der Küche eines Studentenwohnheims. Angeregt dazu wurde sie durch andere Schilderungen von Unfallerlebnissen. Da Celle englische Garnisonsstadt ist, sieht man dort tatsächlich sehr häufig rechtsgesteuerte britische Wagen.

16. Nüchterner Beifahrer

Auf einer Landstraße bei Nienburg fuhr ein Polizeiwagen, in dem zwei Beamte saßen. Ihnen fiel das hinter ihnen fahrende Auto auf, weil es in Schlangenlinien fuhr. So hielten sie es an; aus dem Auto stieg auch ein Mann aus und ging nach vorne zur Polizei. Da wurde er gebeten, ins Röhrchen zu blasen, aber es gab keine Reaktion. So durfte er weiterfahren. Wieder das gleiche: die Polizei vorweg, das andere Auto in Schlangenlinien hinterher. Wieder stoppte die Polizei, der Mann mußte wieder ins Röhrchen blasen, aber wieder nichts. Da das den Beamten komisch vorkam, ließen sie sich von dem anderen Wagen überholen und sahen den Grund: es war nämlich ein englisches Auto mit Rechtssteuerung; der Mann, der gepustet hatte, war also gar nicht der Fahrer!

Diese Geschichte soll sich im Sommer 1988 bei Nienburg ereignet und auch in der dortigen Zeitung gestanden haben. Sie wurde von einem Studenten (23 Jahre) im Dezember 1988 auf einem studentischen Frühschoppen erzählt.

17. Anfängerpech

Hab' ich Dir das eigentlich schon erzählt? Mein Vater hat einen Freund, und dessen Sohn ist das passiert. Der hatte an dem Tag gerade seinen Führerschein gemacht und durfte nun das erste Mal mit ein paar Freunden zusammen das Auto seines Vaters benutzen. Schon nach den ersten paar Kilometern kommen sie in eine Verkehrskontrolle. War ja egal. Er hatte sich ja vorschriftsmäßig verhalten, und die zwei Korn, die er vorher getrunken hatte, konnte man ja nicht riechen. Der Polizist klopft also an die Scheibe und fragt nach den Papieren. Das war eine reine Routinekontrolle. Er gibt dem Polizisten also Kfz- und Führerschein. Scheint auch alles in Ordnung zu sein. Auf einmal fällt dem Polizisten auf, daß der Führerschein überhaupt noch nicht unterschrieben ist. Also reicht er ihn wieder ins Auto, und weil der Fahrer keinen Stift zu haben scheint, auch noch einen Kugelschreiber. Und der denkt, der Polizist hätte was gemerkt, nimmt den Kugelschreiber und versucht, da reinzublasen. Da war er den Führerschein nach nicht mal zehn Stunden schon wieder los!

Diese moderne Sage wurde der Aufzeichnerin im Herbst 1988 von einem Bekannten (24 Jahre) erzählt, als sie ihm von dem laufenden Projekt berichtete.
    Aus der Literatur ist diese Geschichte nicht bekannt. Eine ganz ähnliche Sage erhielten die Projektteilnehmer aber in schriftlicher Form aus der Nähe von Frankfurt/M. Hier soll das Ganze vor etwa sechs bis sieben Jahren einem Bekannten des Einsenders passiert sein, allerdings mit dem Unterschied, daß ersterer ziemlich betrunken Auto gefahren war.

18. *Zwischen Erfurt und Gera*

Eine Clique von vier jungen Männern aus Erfurt/DDR hatte beschlossen, in den Westen zu fliehen. Die Flucht gelingt auf spektakuläre Weise. Die „Viererbande" verkauft ihre Geschichte für eine beachtliche Summe exklusiv an die BILD-Zeitung, die darüber auf der Titelseite berichtet. Stolz auf ihre Karriere in Westdeutschland kaufen sich die „Republikflüchtlinge" schicke Sachen und ein schnelles Auto. Und sie beschließen, ihren Kameraden „drüben" zu zeigen, daß sie es im „goldenen Westen" geschafft haben. Sie rufen in Erfurt an, erzählen, daß sie in der nächsten Woche auf der Transitstrecke nach Westberlin fahren wollen, und verabreden ein Treffen in der Mitropa-Autobahnraststätte zwischen Erfurt und Gera. Sie sollten dort nie ankommen. Wenige Kilometer vor der Autobahnraststätte kollidieren sie mit einem LKW, sind sofort tot. Noch heute erinnert ein Totenstein an der Autobahn zwischen Erfurt und Gera an die vier Aufschneider.

Diese Geschichte – mit wechselnden Personen und Orten – ist in der DDR weit verbreitet. Die Rocksängerin Nina Hagen benutzte sie als Thema ihrer Ballade „Zwischen Erfurt und Gera". Der Text ist abgedruckt in ihrer Autobiographie „Ich bin ein Berliner", München 1985, 55–57.

19. Der Fund am Straßenrand

Variante a

Eine Frau fuhr abends mit dem Auto von Göttingen in Richtung Northeim. Unter dem am Straßenrand aufgetürmten Sperrmüll sah sie ein Gerät, das sie für ein defektes elektrisches Heizgerät ansah. Da sie es für noch brauchbar hielt und ihr Mann, der technisch sehr geschickt ist, es eventuell hätte reparieren können, hielt sie an und lud es ein. Nach zwei Kilometern Fahrt wurde sie von einem Polizeiauto gestoppt, und die Polizisten forderten von ihr das eben eingeladene Radargerät zurück. Sie war erstaunt und dankbar, daß die Polizisten von einer Anzeige absahen.

Die Aufzeichnerin hatte diese Geschichte im Sommer 1985 in Göttingen von einer Studentin gehört und sie für wahr gehalten, bis sie sie vier Wochen später von einem Polizisten aus Westfalen ebenfalls erzählt bekam. Er hatte diese moderne Sage auf seiner Polizeidienststelle schon mehrfach gehört.

Variante b

Die Frau eines Freundes aus Ebergötzen wollte ihren Mann mit dem Auto aus Göttingen abholen. Dabei fuhr sie durch einen Göttinger Vorort, wo eine Menge Gegenstände für den Sperrmüll auf die Bürgersteige gestellt worden waren. Sie fuhr langsamer und hielt auch einige Male an, um vielleicht noch etwas Brauchbares zu finden. Auf einmal sah sie ein Heizgerät am Straßenrand stehen. Sie lud es ein, da sie dachte, ihr Mann könne es schließlich wieder reparieren.

Nach ein paar Kilometern stand rechts am Straßenrand die Polizei und winkte sie raus. Die freundlichen Polizisten erklärten ihr, bei dem von ihr eingeladenen Gegenstand handele es sich um ein Radargerät.

Angeregt durch andere moderne Sagen, erzählte im Mai 1988 in Göttingen ein Fahrlehrer diese Geschichte.

Variante c

Eine junge Frau arbeitet in Wien, wohnt aber etwas außerhalb in einer kleinen Ortschaft. Sie fährt jeden Tag mit dem Pkw zur Arbeit und abends wieder zurück. Einmal ist sie gegen 17 Uhr auf dem Weg nach Hause. Es ist Winter und schon leicht dämmrig. Da entdeckt die Frau am Straßenrand einen Mikrowellenherd. Zunächst fährt sie vorbei. Dann aber überlegt sie es sich anders, dreht um und kehrt an die Stelle zurück, wo sie das Gerät erblickt hatte. Sie steigt aus, untersucht das rechteckige Teil etwas genauer und beschließt, es mitzunehmen. Selbst wenn etwas kaputt sein sollte, denkt die Frau, so lohnt sich vielleicht die Reparatur. Zu Hause angekommen, ruft sie ihren Freund an, er solle mal vorbeikommen und ihren Fund begutachten. Plötzlich klingelt es an der Haustür. Die Frau öffnet und steht zwei ärgerlich dreinsehenden Polizisten gegenüber. Die Beamten fordern sie auf, umgehend das Radarüberwachungsgerät, das sie verbotenerweise vom Straßenrand entfernt habe, herauszugeben.

Erzählt wurde die Geschichte von der Schwester der Aufzeichnerin im April 1988 während einer Autofahrt durch Wien. Die Erzählerin gab an, die Story wenige Wochen zuvor von einer Arbeitskollegin erfahren zu haben. Die Kollegin habe versichert, einer Freundin sei diese Verwechslung wirklich passiert.

Im deutschsprachigen Raum, aber auch in Schweden ist diese Geschichte verbreitet. Klintberg hat eine Variante dieser modernen Sage – auch in diesem Fall wird ein Radarüberwachungsgerät mit einer Mikrowelle verwechselt – im September 1985 in der schwedischen Presse entdeckt und in seine Ausgabe übernommen (Klintberg 1986, 223).

Für die Beliebtheit dieser Geschichte in der Bundesrepublik spricht die Tatsache, daß Max Schautzer am 13. Februar 1989 in seiner Fernsehserie „Pleiten, Pech und Pannen" eine Version dieser modernen Sage als „vergnügliches Mißgeschick" präsentierte.

20. Schlangen im Taxi

Ein Taxifahrer ruft telefonisch in der Zentrale an und sagt: „Hinter dem Armaturenbrett meines Wagen ist eine Schlange. Ein Stück davon hängt unten heraus. Damit fahre ich keinen Meter weiter. Ich habe Angst!"

Das Taxi wird in die Werkstatt geschleppt. Mit dicken Lederhandschuhen angetan, versucht der Mechaniker die Schlange herauszuziehen. Sie hat sich jedoch um so viele Kabel geschlungen, daß das ganze Armaturenbrett auseinandergenommen werden muß. Endlich hat er das Tier in der Hand und legt es in ein großes Glas. Eine Gruppe von Taxifahrern begleitet den Mechaniker zum Tierärztlichen Institut der Universität. Dort wird ihnen mitgeteilt, daß die Schlange eine völlig ungefährliche Strumpfbandnatter aus Nordamerika sei.

Der Taxiunternehmer befragt seine Fahrer, wie die Schlange ins Auto gekommen sein kann. Einer berichtet: „Zu Weihnachten habe ich eine Fahrt nach Stuttgart gehabt. Der Fahrgast, ein ziemlich angetrunkener junger Mann, legte einige Plastiktüten mit Glasgefäßen in den Kofferraum. In Stuttgart angekommen, schaute er in seine Tüten und sagte: ‚Oh, meine zwei Schlangen und meine Vogelspinne sind weg.' Gemeinsam suchten wir die Tiere, konnten sie jedoch nicht finden. Schließlich meinte er: ‚Na ja, vielleicht sind sie ja auch schon in einer der Kneipen, in denen ich war, abgehauen.' Deshalb fuhr ich beruhigt nach Göttingen zurück."

Nicht lange nach dem Erlebnis mit der Schlange im Armaturenbrett chauffiert ein anderer Taxifahrer im selben Wagen einen Fahrgast nach Northeim. Auf dem Rückweg bemerkt er, daß eine Schlange unter seinem Sitz hervor auf den Beifahrersitz kriecht. Da er öfter in Amerika gewesen ist und weiß, daß es sich um eine ungiftige Strumpfbandnatter handelt, hält er auf dem Parkplatz zwischen Sudheim und Nörten-Hardenberg an und wirft das Tier kurzerhand hinaus.

Diese Geschichte erzählte ein Taxiunternehmer aus Göttingen bei einer Geburtstagsfeier im Januar 1984. Bei dem Wagen handelte es sich um einen Mercedes 190, der angeblich mehrere versteckte Löcher zur Karrosserieverkleidung sowie zum Innenraum aufwies. Das Auto sei zum Zeitpunkt der Erzählung aber bereits verkauft gewesen, bevor auch die Spinne wieder aufgetaucht war.
   Cord (1969, 110–114) beschreibt in einem Aufsatz ebenfalls allerhand Schlangen, die unvermutet, meistens in Warenhäusern, auftauchen. So schaut sich z.B. eine Frau auf einem Ständer Blusen an. Dabei wird sie von einer Schlange gebissen, die, zwischen den Textilien versteckt, versehentlich aus Hongkong eingeführt worden war.

21. Zweierlei Passat

Ein Kegelbruder aus Elliehausen bei Göttingen fährt jeden Freitag nach Weende, um mit seinen Freunden eine flotte Kugel zu schieben. Der Wirt pflegt am Ende der feuchtfröhlichen Runde die Autoschlüssel einzukassieren und seine Gäste mit dem Taxi nach Hause zu schicken. Der Mann aus Elliehausen hat an jenem Freitag vorgesorgt und einen Ersatzschlüssel mitgenommen. So kann er sich zu später Stunde und mit einigen Promille zuviel ans Steuer seines Passats setzen, um nach Hause zu fahren. Auf dem Autobahnzubringer sieht er schon von ferne Blaulicht und kommt an eine Unfallstelle. Trotz seines Rausches steigt er aus und fragt die Polizisten, ob er helfen könne. Nein, war ihre Antwort, sie hätten bereits alles unter Kontrolle, er könne beruhigt nach Hause fahren. Also setzt er sich wieder in den Passat, ist froh, daß alles noch einmal gutgegangen ist, fährt nach Hause. Dort genehmigt er sich auf den Schreck noch einen doppelten Cognac und legt sich ins Bett. Kaum ist er eingeschlafen, klingelt jemand an seiner Haustüre Sturm. Zwei Polizisten stehen davor und fragen höflich, ob sie einmal in seine Garage hineinschauen dürften. Natürlich hat der Gefragte nichts dagegen. Und was steht in der Garage? Ein grün-weißer Passat mit Blaulicht!

Die hier mitgeteilte niedersächsische Lesart wurde im September 1988 in Lenglern bei Göttingen aufgezeichnet und stammt von einem Freund eines Arbeitskollegen des Passat-Fahrers. Die Story scheint in der Bundesrepublik Deutschland weit verbreitet zu sein, denn es wurde uns von Fassungen aus der Gegend von München berichtet, in denen ein BMW die Hauptrolle spielt, in Stuttgart war es ein Mercedes und in Köln ein Ford.

In England wird seit den frühen 70er Jahren eine ganz ähnliche Geschichte kolportiert. Eine bei Smith (1983, 39) mitgeteilte Variante handelt von einem Mann, der den Erwerb eines brandneuen Rover mit Freunden feiert und auf der Nachhausefahrt von der Polizei gestoppt wird. Im selben Augenblick ereignet sich in nächster Nähe ein Verkehrsunfall, und die Polizisten müssen natürlich ihre Pflicht tun und den Unfall aufnehmen. Geistesgegenwärtig schwingt sich der Rover-Fahrer in den Wagen und fährt nach Hause, aber leider hat er dabei das falsche Auto erwischt, wie sich am nächsten Morgen herausstellt.

22. *Der Elefant im Safari-Park*

Mein Freund besuchte mit Frau, Tochter und Sohn den Safari-Tierpark bei Brunen. Es war ein wundervoller Tag, und er war in Geberlaune. Seine Frau hatte dafür gesorgt, daß Obst und Nüsse zum Füttern der Tiere im Auto waren. Sie lasen die Hinweise auf den Schildern, daß das Füttern verboten sei und die Fenster geschlossen gehalten werden sollten, aber natürlich hielten sie sich nicht daran. Die erste Überraschung erlebten sie bei den Affen. Plötzlich war ein kleiner Frechling von Pavian auf dem Schoß der Frau meines Freundes, mopste zwei Bananen und verschwand. Es war amüsant, aber man entschloß sich, wenn Affen in der Nähe waren, nur Nüsse durch einen Fensterspalt zu werfen. Die Familie war noch nie in diesem Wildpark gewesen, war aber ganz begeistert. Ein halbwüchsiger Elefant hatte es den Kindern besonders angetan. Er nahm gerne die gereichten Früchte. Als es ihm nicht schnell genug ging, war plötzlich sein Rüssel im Auto. Die Tochter drehte, im höchsten Maße erschreckt, die Scheibe wieder hoch. Dies fand nun das Tier befremdlich und drückte mit seinem Knie gegen die Tür, die ihre ursprüngliche Form verlor. Geistesgegenwärtig beugte sich der Sohn über die Schwester und drehte das Fenster wieder herunter, so daß der Elefant seinen Rüssel wieder herausziehen konnte, ohne noch mehr Schaden anzurichten. Dankbar zeigte sich das Grautier jedoch nicht und schlug noch einmal kurz auf das Dach des Opels. Das Blech gab nach, und der Wagen hatte eine weitere Delle. Gefüttert wurde nicht mehr. Aus dem Park herausgekommen, ging mein Freund zur Verwaltung und schilderte sein Mißgeschick. Er erkundigte sich nach der Haftpflichtversicherung der Safarigesellschaft, blitzte aber ab. Man verwies auf die Schilder: Füttern verboten und Fenster geschlossen halten. Die Familie hatte das Bedürfnis, sich von diesem Schreck erst einmal zu erholen, und so stärkte sie sich in der nächsten Gaststätte. Meinem Freund war der Appetit vergangen. Er trank zwei Glas Bier und hatte genug.

Der Heimweg gestaltete sich zunächst ruhig, hielt aber doch noch einige Überraschungen parat. Es war März. Im Hamburger Raum hatte es am Tage geregnet, und abends gab es einen Frosteinbruch. Wie man später der Zeitung entnehmen konnte, waren nördlich des Horster Dreiecks ca. 30 Fahrzeuge aufeinandergefahren. Ein wenig Nebel spielte wohl auch noch mit. Mein Freund hatte Glück, er konnte den Wagen rechtzeitig abbremsen und auf die Standspur ausweichen. Die Polizei, Feuerwehr und Abschleppdienste waren gut beschäftigt. Einer der protokollierenden Beamten wandte sich an meinen Freund und meinte, er sei gut davongekommen. Der Ordnung halber wollte er aber auch seinen Schaden registrieren. Mein Freund meinte, das sei nicht nötig, das hätte ein Elefant verursacht. Der Polizist sah ihn merkwürdig an, sprach von Unfallschock und bat ihn, mit zum Dienstwagen zu kommen. Mein Freund mußte ins Röhrchen pusten, und aufgrund der zwei Beruhigungsbiere war er seinen Führerschein los und bekam eine Anzeige wegen Beamtenbeleidigung.

Dem Vater einer Projektteilnehmerin wurde diese Geschichte vor etwa drei Jahren in Hamburg von einem Freund erzählt, er berichtete sie daraufhin zu Hause und hat sie nachträglich, auf ihre Bitte hin, aufgeschrieben.

Uns lag noch eine zweite Fassung der Geschichte vom Elefanten im Safari-Park vor, die im Herbst 1988 von einem 24jährigen Studenten in Göttingen erzählt wurde. Diese Variante gibt als Ort des Geschehens Hodenhagen bei Walsrode an. Zusätzlich wird hier erwähnt, daß der Wagen, mit dem die Familie in den Safari-Park fuhr, gerade neu gekauft worden war. Auch in der englischen Sammlung von Smith (1983, 71 f.) ist die Geschichte über den Safaribesuch zu finden. Zwei weitere englische Fassungen sind bei Dale (1984, 42) nachgewiesen.

Der deutsche Liedermacher Walter Mossmann hat diese moderne Sage in seinem „Schützenfest von Nordenham" als Ballade gestaltet. Doch während in der Sage das Safariparkerlebnis mit dem Führerscheinentzug endet, ergänzt Mossmann seine Ballade durch ein tragisches Geschehen auf dem Schützenfest: In Nordenham erschießt der durch die Ereignisse überforderte Vater seine Frau, die Tochter und deren Tänzer. Mossmann nimmt hier kleinbürgerliche Verhaltensmuster aufs Korn.

Die letzte Strophe weist darauf hin, daß am nächsten Tag eine Notiz über den Vorfall in der Zeitung stand. In einer Anmerkung über den Anlaß der Ballade heißt es nämlich, daß diese Geschichte in der Zeitung gestanden haben soll und daß sich Menschen gemeldet hätten, denen das Erlebnis im Safari-Park – ohne den in der Ballade genannten Schluß – passiert sei. Walter Mossmann, Flugblattlieder, Streitschriften. Berlin 1980, 145–148.

23. Schreckliches Versehen

Ein Fernfahrer aus Volkerode bei Göttingen kommt zwischen zwei Fahrten kurz nach Hause, um seine Familie zu besuchen. Auf der Straße vor seinem Haus liegt ein großer Pappkarton. Der Fahrer überfährt diesen Karton, ohne sich weiter darum zu kümmern. Nachdem er den Wagen abgestellt hat, geht er ins Haus, um seine Familie zu begrüßen. Da er seinen kleinen Sohn vermißt, fragt er nach dessen Verbleib. Als die Frau dem Manne erklärt, daß der Kleine auf der Straße mit Kartons spiele, läuft der Mann aus dem Haus und kommt völlig verstört wieder zurück. Er hat seinen eigenen Sohn überfahren.

Diese Geschichte wurde 1979 in einer Gastwirtschaft in der Nähe von Göttingen erzählt.

24. Der Punker in der U-Bahn

In Berlin steigt ein Punker in die U-Bahn und setzt sich ruhig auf einen freien Platz. Eine Frau ihm gegenüber fängt an, auf die Jugend allgemein und auf den Punker insbesondere laut zu schimpfen; schließlich beleidigt sie ihn wegen seines Äußeren. Der Punker bleibt ganz gelassen. An der nächsten Station sieht er, wie ein Kontrolleur einsteigt. Bevor sie kontrolliert werden, ergreift er hastig die Fahrkarte der schimpfenden Frau und ißt sie auf. Von den Mitfahrenden will dann keiner bestätigen, daß die Frau vorher eine Fahrkarte in der Hand hatte. Sie muß Strafe wegen Schwarzfahrens bezahlen.

Im September 1988 von einem Hotelportier in Berlin gehört, der mit dieser Geschichte seine Sympathie mit den Punkern ausdrücken wollte. Die nämliche Geschichte berichtet Virtanen (1987, 156) aus Helsinki.

25. Schutzhelm

Der ältere Bruder eines Bekannten hat erzählt, was einem seiner Freunde passiert ist. An einem ziemlich warmen Sommertag wollte er mit seinen Freunden einen Motorradausflug machen und ist zu einer Tagestour aufgebrochen. Die Motorradgruppe hatte sich für ihren Ausflug eine besonders hügelige und kurvenreiche Strecke ausgesucht. Alle waren recht ausgelassen und auf Risiko aus. Plötzlich verlor der letzte Fahrer die Kontrolle über sein Motorrad und fuhr in den Wald hinein gegen einen Baum. Er hatte Glück und wurde vor dem Aufprall von der Maschine geschleudert, die völlig demoliert war. Ganz verstört und verwundert, mit dem Schrecken davongekommen zu sein, richtete sich der Motorradfahrer auf und nahm den Helm ab. Plötzlich kippte er nach vorn und war tot. Sein Kopf war nur noch von dem Helm zusammengehalten worden.

Die Geschichte wurde der Aufzeichnerin 1979 in Lüneburg von einem 17jährigen Schüler in einem Gespräch über Motorradfahren erzählt.
  Eine kürzere Variante dieser Horrorgeschichte bietet Kreye (1987, 80). Dort wird auch noch eine andere Lesart mitgeteilt: „Ein junger Mann fährt mit seinem Motorrad gegen einen Baum. Sanitäter finden ihn bewußtlos im Straßengraben. Sein Kopf scheint völlig verdreht. Was sie nicht wissen: Er hatte seine Jacke verkehrt herum angezogen, um sich besser vor dem Fahrtwind zu schützen. Bevor sie ihn auf die Bahre legen, versuchen sie, seinen Kopf in die richtige Lage zu drehen und brechen ihm dabei das Genick." Diese Version kennt auch Virtanen (1987, 146) aus Finnland. Dort wird außerdem erzählt, bei einem verunglückten Motorradfahrer seien die Beine auseinandergefallen, sobald man ihm die engen Jeans ausgezogen habe (ebda. 145).

II. Urlaub und Fremde

26. *Freundin als Luftfracht*

Ein Bekannter von mir stammt aus dem Iran und hat mir im Dezember 1988 die folgende Geschichte erzählt: Ein Freund von mir ist iranischer Herkunft, hat aber einen amerikanischen Paß und lebt die meiste Zeit in den USA. Seine Freundin wohnte in Teheran. Da es unmöglich war, für sie die Ausreise zu erwirken, kam er auf die Idee, sie als Luftfracht aus dem Land zu schmuggeln. Er ließ einen speziellen Koffer konstruieren, versah ihn mit Lebensmitteln für zwei Tage und gab ihn mit seiner Freundin auf. Er selbst flog voraus, um den Koffer in New York in Empfang zu nehmen. Als er ihn bekam und öffnete, war seine Freundin tot: erfroren. Er ging in die nächstgelegene Toilette, nahm seinen Revolver und erschoß sich.

Aufzeichnung des Herausgebers im Dezember 1988 aufgrund der Erzählung eines jungen Iraners.

27. *Gurt- und Helmpflicht*

Eine Familie ist mit dem Wagen unterwegs in die Schweiz. Sie war vorher noch nie in der Schweiz gewesen. Da gibt es doch immer die Hefte vom ADAC, da steht drin, welche Verkehrsregeln in den einzelnen Ländern gelten. Sie gucken nach, da steht für die Schweiz als Vorschrift „Gurt- und Helmpflicht". Daraufhin sind sie ganz verzweifelt, weil sie keine Helme haben. So kaufen sie sich vor dem Grenzübergang an der Tankstelle schnell noch Helme, und dann fährt die ganze Familie angegurtet und mit Helmen mit ihrem Volvo durch die Schweiz.

Quelle: Student aus Hannover, 28 Jahre, im Dezember 1988 bei einem abendlichen Besuch beim Herausgeber. Transkription vom Tonband.

28. Die vergessene Ehefrau

Auf einem Campingplatz am Neusiedler See in Österreich erzählte im September 1988 ein Ehepaar folgende Geschichte:

Ein ihnen befreundetes Ehepaar fuhr vor einigen Jahren mit dem Wohnwagen nach Spanien. Während der Fahrt wurde die Ehefrau sehr müde und beschloß, einige Stunden im Anhänger zu schlafen. Während einer kurzen Rast ihres Mannes stieg auch die Ehefrau aus, um sich etwas zu bewegen. Als der Mann wieder losfuhr, bemerkte er nicht, daß seine Frau nicht mehr im Anhänger schlief. So fuhr er alleine weiter in Richtung Süden. Nur mit einem Nachthemd bekleidet, stellte sich seine Frau an die Autobahn und wurde wenig später von einem Polizeiauto mitgenommen. Während sie den Polizisten ihre Geschichte erzählte, nahmen diese die Verfolgung auf. Die Ehefrau wurde gebeten, sich zu verstecken. Als sie auf den Wagen mit dem Anhänger trafen, hielten die Polizisten das Auto mit Hilfe der Kelle an. Auf ihr Verlangen, den Campingwagen untersuchen zu dürfen, reagierte der Fahrer erst etwas mürrisch, war dann aber sehr erschrocken, als die Polizisten wieder herauskamen und ihm mitteilten, daß alles in Ordnung sei und er in Ruhe weiterfahren könne. Vollkommen überrascht erzählte er dann, daß eigentlich seine Frau im Anhänger sein müßte. Die Polizisten lächelten und deuteten auf ihren Streifenwagen, in dem die Frau saß. Erleichtert atmete der Ehemann auf, vor allem, als er erfuhr, daß die Polizisten nach diesem Denkzettel von einer Anzeige absehen wollten.

Diese Erzählung von der Frau im Campingwagen gehört zu den Klassikern unter den modernen Sagen, die fast Jahr für Jahr an den verschiedensten Orten Auferstehung feiern und auch immer wieder in die Presseberichterstattung zur Urlaubszeit Eingang finden. Sie ist ein Produkt der Nachkriegszeit, als das Reisen mit Campinganhängern zur Modeerscheinung wurde. Ob Europa oder Nordamerika das Erstgeburtsrecht für sich in Anspruch nehmen darf, läßt sich nicht mehr klären, jedenfalls liegen die ersten verbürgten Zeugnisse in den USA aus dem Anfang der 60er Jahre vor (Brunvand 1981, 103–106). Im Laufe der Zeit sind zahlreiche Varianten entstanden; so wird z.B. aus England berichtet, die Ehefrau habe das Gespann gesteuert und ihr Mann im Wohnwagen geschlafen. Als die Frau anhält, wacht ihr Ehemann auf und geht nach vorne zum Auto. In diesem Moment fährt seine Frau wieder an, da die Ampel von rot auf grün schaltet. Der Mann bleibt alleine auf der Kreuzung stehen (Smith 1983, 36). Weitere britische Varianten bei Dale 1984, 30f., schwedische bei Klintberg 1986, 184.

In Göttingen und Umgebung ist eine Variante bekannt, die von einer Projektteilnehmerin erzählt wurde. Ein Auto fuhr mit einem Wohnwagen mit großer Geschwindigkeit auf die Werrabrücke zwischen Hannoversch Münden und Hedemünden zu und geriet auf der Brücke ins Schleudern. Der Wohnwagen löste sich daraufhin von der Anhängerkupplung und stürzte mit den zwei darin schlafenden Kindern in den Abgrund. Die Funktion aller dieser Wohnwagengeschichten ist es, auf die Gefahren hinzuweisen, die damit verbunden sind, verbotenerweise im fahrenden Wohnwagen zu schlafen.

29. Die gestohlene Großmutter

Variante a

Die ganze Familie samt Oma macht Ferien am Gardasee. Zwei Tage vor der Heimreise stirbt plötzlich die Oma. Aus Angst vor den Formalitäten und den Unkosten für eine Überführung beschließt der Rest der Familie, den Tod zu vertuschen. Also verstaut man die Oma, eingewickelt in das Familienzelt, im Kofferraum, um sie auf diesem Wege wieder mit nach Deutschland zu nehmen und dort zu beerdigen. Als man schließlich über die Grenze ist, hält man an der nächsten Raststätte an, um nach all der Anspannung eine Tasse Kaffee zu trinken. Aber als die Familie weiterfahren will, ist der Wagen und mit ihm die tote Oma verschwunden.

Diese Begebenheit wurde der Aufzeichnerin von einem Mitbewohner (23 Jahre) erzählt. Er hatte sie während eines Campingurlaubs am Gardasee von anderen Urlaubern gehört.

Variante b

Eine Familie aus Hannover war im Urlaub, irgendwo im Süden, mit der Oma, und im Urlaub ist die Oma gestorben. Und weil die Leute Angst hatten, daß die Überführungskosten zu hoch würden, haben sie die Tote in einen Teppich gewickelt und sie so auf dem Dachgepäckträger wieder mit nach Hannover gebracht. Bevor sie aber zu sich nach Hause fuhren, mußten sie noch was in der Stadt erledigen und haben das Auto am Klagesmarkt abgestellt. Und als sie wieder zurückkamen, war der Teppich mit der Oma vom Autodach gestohlen.

Dies wurde der Aufzeichnerin Ende der 70er Jahre von einer Mitschülerin erzählt; die Aufzeichnung entstand nach dem Gedächtnis.

Die Geschichte von der gestohlenen Großmutter gehört zu den verbreitetsten modernen Sagen überhaupt. In allen Fällen tritt der Tod der Großmutter im Ausland, in der unbekannten Fremde ein, oft in einsamer Gegend. Der Transport der Verstorbenen variiert: sie wird im Zelt in den Kofferraum, im Teppich oder im Ski-Case auf den Dachgepäckträger oder in den Hundeanhänger gelegt. In einigen Fällen wird das Auto samt der Großmutter vor der Grenze gestohlen, als die Familie an einer Polizeistation hält, um den Fall dort zu klären. Ausgeschmückt ist die Geschichte beispielsweise mit dem Zusatz, daß die Großmutter nicht beerbt werden kann, weil ihre Leiche nicht wieder auftaucht.

Die Erzählung verdeutlicht, wie wenig die meisten Menschen der

Situation gewachsen sind, wenn ein Angehöriger stirbt: die Großmutter kann nicht mehr im Innern des Autos transportiert werden. Zudem geschieht dies in einer unbekannten, sogar bedrohlichen Umwelt, die nicht den Schutz des Gewohnten zu bieten vermag.

Die Geschichte tauchte erstmals 1940 in Paris auf und ist seitdem aus ganz Europa und auch aus Amerika bekannt. Seit Linda Dégh die erste Sammlung volkstümlicher Texte vorgenommen hat (1968c), sind immer mehr Aufzeichnungen aufgetaucht, z.B. bei Brunvand 1981, 90–97 („The Runaway Grandmother"), Brunvand 1984, 219, Smith 1983, 109, Dale 1984, 55, Klintberg 1986, 13–15, Simonides 1987, 270f. und Virtanen 1987, 30. Eine psychoanalytische Deutung der Sage findet sich bei Dundes 1975.

30. Die gestohlene Armbanduhr

Ein Freund erzählte mir von seiner ersten Reise nach New York und seinen dort gemachten Erfahrungen.

Er kam in seinem Hotel am Broadway an und entschloß sich, nachdem er geduscht und zu Abend gegessen hatte, noch zu einem kleinen Spaziergang durch die nächtlichen Straßen. Es waren noch viele Leute unterwegs. Plötzlich fühlte er sich von hinten von einem Fremden am Handgelenk berührt. Er drehte sich um und sah einen Schwarzen hinter sich; im gleichen Augenblick entdeckte er, daß seine Armbanduhr fehlte. Er hielt den Schwarzen mit beiden Armen fest und herrschte ihn an: „Give me that watch!" Der Schwarze war vollkommen überrascht und gab bereitwillig die Uhr heraus. Als mein Freund in sein Hotelzimmer zurückkam, lag seine eigene Armbanduhr im Bad auf der Spiegelablage.

Quelle: Erzählung eines Kollegen im Jahre 1979, als er gerade von einem USA-Aufenthalt zurückkam. Ähnliche Geschichten vom „Diebstahl wider Willen" kursieren in vielen europäischen Ländern. Das in ihnen beschriebene Verhalten ist eine Art Überreaktion auf die besonders bei Auslandsreisen häufiger auftretenden bedrohlichen Situationen und dadurch sehr verständlich und glaubwürdig. Nichtsdestoweniger dürften die meisten als „wahr" erzählten Geschichten mit diesem Motiv frei erfunden sein. Eine unserem Text eng verwandte Aufzeichnung ist von Smith (1986, 24) aus London nachgewiesen, bei Dale (1984, 15) ist von einem Kanadier in New York die Rede, der am Ende zwei Brieftaschen sein eigen nennt. In anderen englischen Varianten bei Smith (1983, 40) und Dale (1986, 14f.) handelt es sich um eine Frau, die ihren zu Hause vergessenen Geldschein vermißt und sich am fremden Eigentum vergeht. Im Dezember 1988 wurde diese moderne Großstadtsage im dritten Teil des deutschen Fernsehfilms „Wilder Westen inclusive" (Regie: Dieter Wedel) verwendet.

31. Pornofotos aus Kopenhagen

Auf einem Treffen von ehemaligen Schülern der Hotelfachschule Tegernsee erzählte ein Kursteilnehmer folgende Geschichte: Ein Klub von zehn Frauen, darunter auch seine eigene, unternahm einmal einen Wochenendausflug nach Kopenhagen. Dort gingen die Frauen abends in ein Lokal und wurden dabei von einigen Männern angesprochen, die ihnen einen Drink spendierten. Am anderen Morgen wurden sie im Hotel wach, aber jede in einem anderen Zimmer als zuvor. Sie wunderten sich zwar, konnten sich aber an nichts mehr erinnern, und da auch nichts weiter passiert oder weggekommen war, fuhren sie wieder nach Hause und vergaßen die Episode. Wochen später entdeckte einer der Ehemänner seine Frau in eindeutiger Pose in einem Pornoheft aus Dänemark. Beim weiteren Nachforschen stellte sich heraus, daß von den anderen Frauen ebenfalls Pornoaufnahmen existierten. Offenbar hatte man den Frauen an jenem Abend in Kopenhagen etwas in den Drink gemixt, so daß sie sich an nichts erinnern konnten.

Aufgezeichnet am 29. Mai 1988 auf einer Jagdhütte im Ederbergland in Oberhessen. Die Erzählerin war eine dreißigjährige Hausfrau. Sie wurde zum Erzählen der Geschichte angeregt durch die vom Aufzeichner wiedergegebene Variante „Antiquitäten in Dänemark" (Nr. 75). In der Literatur fanden sich bisher keine Parallelen. Es ist bezeichnend, daß diese aus Männerphantasien gespeiste Erzählung in Dänemark spielt, denn nach der 1975 erfolgten Freigabe der Pornographie in der Bundesrepublik war das skandinavische Nachbarland Hauptlieferant für einschlägige Literatur.

32. Verhängnisvoller Skiunfall

Eine Frau fährt in den Alpen Ski. Als sie gerade ganz oben auf der Skipiste ist, „muß" sie ganz dringend. Da es keine andere Möglichkeit gibt, hockt sie sich hinter einen Busch, zieht die Hosen herunter und will ihr Geschäft verrichten. In diesem Augenblick kommt sie ins Rutschen und rutscht in der Hockstellung den gesamten Abhang hinunter. Sie kann in dieser Position weder bremsen noch lenken, prallt unten gegen eine Scheune und wird dort von Sanitätern abgeholt und mit Prellungen und allen möglichen sonstigen Verletzungen ins Krankenhaus gebracht. Neben ihr im Zimmer liegt ein junger Mann, der ein Bein gebrochen hat. Sie unterhalten sich, und sie fragt ihn: „Wie haben Sie das gemacht mit dem Bein? Ist das auch beim Skifahren passiert?" Da sagt er: „Ja, ja, stellen Sie sich vor, was mir passiert ist: Ich fahre gerade den Abhang hinunter, da überholt mich doch eine Frau in Hockstellung mit heruntergelassenen Hosen, und da bin ich so ins Lachen gekommen, daß ich gestürzt bin und mir ein Bein gebrochen habe."

Erzählt am 15. 11. 1988 von einem 28jährigen Göttinger Studenten aufgrund eines Berichtes eines seiner Freunde, dem der Unfall selbst passiert sein soll. Transkription vom Tonband. Smith (1986, 30) hat eine englische Variante dazu veröffentlicht und angemerkt, daß diese Geschichte Mitte der 70er Jahre schlagartig auf beiden Seiten des Atlantiks aufgetaucht ist und 1984 ihren Weg auch in die englische Presse gefunden hat. Finnisch bei Virtanen (1987, 123).

33. Willkommen im AIDS-Club

Variante a

Als wir auf die Krankheit AIDS zu sprechen kamen, erzählte mir ein Freund, der gerade von einem Teneriffa-Urlaub zurückgekommen war, die folgende Geschichte: Ein Bekannter, der auf der Insel wohnte, hatte ihm berichtet, wie ein junger Spanier aus Santa Cruz in dem Badeort Puerto de la Cruz eine Touristin kennenlernte, mit der er die Nacht verbrachte. Als er am nächsten Morgen in dem Hotelzimmer, das sie sich genommen hatten, aufwachte, war sie schon fort. Er ging ins Bad, um zu duschen, als er auf dem Spiegel, mit Lippenstift geschrieben, den Satz las: „Willkommen im AIDS-Club!" Zwei Monate später machte er einen AIDS-Test, der positiv ausfiel.

Erzählt in Starnberg, 27. 6. 1988. Eine ähnliche Geschichte, nur in New York angesiedelt, zitierte der SPIEGEL (15/1987). Ein junger Mann hätte in einer Discothek eine Frau kennengelernt und zu sich mit in die Wohnung genommen. Nach einer leidenschaftlichen Liebesnacht sei er aufgewacht; die Frau, an deren Seite er eingeschlafen war, war verschwunden. Er ging ins Bad, um zu duschen, als er auf dem Spiegel, mit Lippenstift geschrieben, die Worte „Welcome to the AIDS-Club" fand. Ein AIDS-Test ergab, daß er sich infiziert hatte. Virtanen (1987, 45) weist diese moderne Sage für Finnland nach, wo sie am 26. 4. 1987 in den Zeitungen stand. Der bayerische Staatssekretär Peter Gauweiler zitierte sie zur Begründung seiner AIDS-Politik. Literatur: Fine 1987.

Variante b

Die Mutter der Aufzeichnerin erfuhr in der Urlaubszeit des Jahres 1989 folgende Geschichte:

Die Schwiegertochter einer Bekannten in Köln erzählte aufgeregt von einer Freundin, die sich den langgehegten Wunsch erfüllt hatte, ganz allein auf eine Weltreise zu gehen. Unterwegs lernte sie viele interessante Männer kennen. Auf der letzten Station ihrer Reise in Spanien erlag sie dem feurigen Charme eines gutaussehenden Spaniers und ließ sich mit ihm ein. Sie verbrachten am Strand und im Hotel fünf tolle Tage. Zum Abschied überreichte ihr der Spanier zur Erinnerung ein kleines Päckchen, welches sie aber erst im Flugzeug öffnen sollte. Als sie es während des Fluges aufmachte, fand sie zu ihrem Entsetzen darin eine tote Ratte. Daneben lag ein Zettel mit der Aufschrift: „Demnächst wirst du genauso tot sein wie diese Ratte. Willkommen im AIDS-Club." Das kommt davon, wenn sich die jungen Frauen heutzutage hemmungslos mit Fremden einlassen!

Quelle: Mündliche Erzählung einer 75jährigen Hausfrau im August 1989 in Köln. Als sie wenige Tage nach der Erzählung die gleiche Geschichte in einem älteren Heft der Zeitschrift „Bild der Frau" (Nr. 23, 5. Juni 1989, S. 2f.) entdeckte, äußerte sie, sie hätte von Anfang an den Wahrheitsgehalt der Erzählung bezweifelt, aber ihre Freundin habe darauf bestanden, daß die Geschichte stimme, denn die Frau sei schließlich mit einem Rechtsanwalt verheiratet und würde daher sicher keine unwahren Geschichten verbreiten. – Im genannten Artikel in der illustrierten Zeitschrift hat die Erzählung noch folgenden Schluß: Die heimgekehrte Frau gesteht alles ihrem Ehemann. Er wirft sie hinaus. Ein AIDS-Test ergibt, daß die Frau tatsächlich HIV-positiv ist.

34. Personalausweis verloren

Ein Freund von mir machte in Frankreich Urlaub und verlor seinen Personalausweis. Er rief seine Mutter an, sie solle ihm den Paß schicken, damit er sich auf der Rückfahrt ausweisen könne. Die Mutter schickte nun den Ausweis an das angegebene Postamt, wo er einige Tage später eintraf. Mein Freund ging zur Post in Nîmes und fragte den Schalterbeamten, ob etwas unter seinem Namen angekommen sei. „Ja", sagte der Mann, „aber würden Sie sich bitte ausweisen?"

Die Geschichte wurde von einem jungen Mann (ca. 23 Jahre) auf einer Silvesterparty 1988/89 in Göttingen erzählt.

35. Der abgeschnittene Finger

Eine junge, wohlhabende Frau macht eine Reise nach Peru. Als sie in Lima in einem großen Hotel absteigt, fällt dem Portier, als sie sich in das Gästebuch einträgt, ihr wunderschöner Brillantring auf. Er warnt sie eindringlich vor den immer raffinierter werdenden Straßenräubern in der Stadt und sagt ihr noch, sie solle immer, wenn sie das Hotel verlasse, den Ring im Hotelsafe zurücklassen. Die Frau gibt nichts auf die Warnungen und meint nur, wenn es tatsächlich jemand auf den Ring abgesehen haben sollte, dann würde sie ihn halt hergeben, so sehr hinge sie daran nicht. Auch als der Portier noch einwendet, sie käme vielleicht gar nicht mehr dazu, ihn abzuziehen, er habe gehört, die Straßenräuber würden vielfach mit Rasierklingen arbeiten und den Finger gleich mitabtrennen, lacht sie nur. Als sie am nächsten Abend von einem Einkaufsbummel zurückkehrt, ist die Hand, an der der Ring gesteckt hat, in ein blutiges Taschentuch gehüllt.

Diese Geschichte wurde der Aufzeichnerin während eines Ferienjobs von einer Kollegin erzählt. Ihr selbst war sie im Sommer 1986 von einer Stewardess erzählt worden. In der Sammlung Klintberg ist eine ähnliche Geschichte aufgeführt. Sie spielt in der Pariser Metro:

Zwei ältere Damen sitzen in der Metro. Auf einmal setzt sich ein junger Mann mit dunklen, langen Haaren (vermutlich ein Ausländer) zu ihnen. Sein Verhalten ist etwas merkwürdig, und er scheint etwas in seiner Hand zu verbergen. Schließlich sehen sie, wie Blut aus seiner verschlossenen Hand tropft. Als die Polizei hinzukommt, stellt sich heraus, daß es sich bei dem jungen Mann um einen Dieb handelt, der einer Frau einen Finger mit einem wertvollen Ring abgerissen hatte (Klintberg 1986, 178). Klintberg schreibt dazu in seinen Anmerkungen, daß diese Geschichte in allen Ländern mit einer gewissen Ausländerproblematik bekannt sei. In Amerika z. B. ist der Dieb immer ein Schwarzer. Der Grundgedanke sei dabei, junge Frauen mit wertvollen Ringen vor gefährlichen Dieben zu warnen. Aus Finnland ist ebenfalls eine Variante bekannt (Virtanen 1987, 179).

36. Falscher Page

Variante a

Ein deutsches Ehepaar fährt mit dem eigenen Wagen an den Gardasee, um Urlaub zu machen. Vor dem Hotel, in dem die beiden ein Zimmer gebucht haben, steht ein Page, der sie freundlich begrüßt. Der junge Mann läßt sich die Autoschlüssel geben, um den Wagen in die Hotelgarage zu fahren. Das Gepäck will er anschließend gleich aufs Zimmer bringen. Das ältere Ehepaar ist entzückt über den freundlichen Empfang und geht auf sein Zimmer. Hier allerdings warten die beiden vergeblich auf ihre Koffer. Der Page war nicht echt und hatte sich mit dem Auto und Gepäck aus dem Staub gemacht.

Den beiden Urlaubern ist nun die Freude an den Ferien vergangen. Sie fahren kurze Zeit später mit der Bahn nach Hause. Schon am nächsten Tag aber erhalten die zwei einen Brief, in dem das Hotel am Gardasee ihnen als kleine „Wiedergutmachung" für den Urlaubs-Schreck eine Woche Aufenthalt auf Kosten des Hauses anbietet. Das Paar ist erfreut über diese Aufmerksamkeit und reist umgehend wieder an den Gardasee. Doch der Brief stellt sich als übler Scherz heraus. Niemand in dem Hotel weiß etwas von einem Gratis-Aufenthalt. Zudem sind alle Zimmer ausgebucht. Die beiden Deutschen fahren mit dem Zug völlig entnervt wieder heim. Doch als sie die Tür zu ihrer Wohnung aufgeschlossen haben, trifft sie beinahe der Schlag: Einbrecher haben ihr Heim völlig ausgeplündert.

Erzählt wurde die Geschichte vom Vater (66 Jahre) der Aufzeichnerin. Er bezog sich auf einen Artikel der „Bild"-Zeitung vom 25. August 1988 und hielt die Geschichte vom Urlaubs-Pech unbedingt für wahr.

Variante b
Teure Opernfestspiele

Ein Ehepaar aus der Schweiz fuhr zu den Opernfestspielen nach Verona. Kurz nach der Ankunft in Italien wurde ihnen das Auto ausgeraubt, worauf die beiden sofort wieder nach Hause zurückfuhren.

Bald darauf erreichte sie zu Hause ein Brief der mutmaßlichen Täter, die ihr Bedauern ausdrückten, sie um den Operngenuß gebracht zu haben, und ihnen deshalb zwei Opernkarten zukommen lassen wollten. Ganz gerührt fuhren die Leute erneut nach Verona, um bei ihrer Heimkehr dann ihr Haus in der Schweiz völlig ausgeraubt vorzufinden.

Diese Fassung wurde uns von einer Frau zugesandt, die einen Bericht über unser Projekt in einer Göttinger Zeitung gelesen hatte. Sie hat die Sage bei einer Tagung in Italien von Leuten gehört, deren Bekannten dieses Mißgeschick tatsächlich passiert sei.

Diese moderne Sage ist in verschiedenen Varianten in Europa und in den USA bekannt. Anfang der 70er Jahre tauchte sie vor allem in Amerika häufig in der Presse auf. Eine US-Version dieser Erzählung hat Daniel Barnes aufgezeichnet:

Eine Familie kommt vom Einkaufen zurück und entdeckt, daß ihr Auto eine Beule hat. Es steckt ein Zettel an der Windschutzscheibe, auf dem um Entschuldigung gebeten wird; anbei ein paar Karten für das große Basketballspiel am nächsten Samstag. Die Familie geht am Samstag auch geschlossen ins Stadion. Als sie wieder heimkommt, ist ihr Haus ausgeraubt (Barnes 1984, 76).

Andere Varianten, in denen die Einbrecher Theaterkarten verschenken, haben Dale (1984, 14) und Virtanen (1987, 38) aufgezeichnet.

37. *Der Insektenstich*

Variante a

Eine Tante des Aufzeichners beteuert, daß der Schwester eines Freundes folgendes passiert sei: Die Frau hatte in einem afrikanischen Land Urlaub gemacht. Sie wurde von einem Insekt gestochen. Der Stich entwickelte sich erst langsam zu einem kleinen Pickel, der aber nach ihrer Rückkehr stetig wuchs. Schließlich hatte er die Größe eines Furunkels erreicht. Da diese Dame Ärzte tunlichst meidet, versuchte sie mit Cremes und Gelees, diesen Furunkel zu behandeln. Dann, eines Morgens, stand sie auf, ging ins Bad, schaute in den Spiegel, drückte ein wenig an ihrem Furunkel, der plötzlich aufsprang: Eklige kleine, schwarze Spinnen krochen hervor. Die Frau bekam einen hysterischen Anfall und wurde ohnmächtig im Bad gefunden.

Erzählt wurde diese Geschichte von einer Tante des Aufzeichners im Dezember 1987 bei einem Familientreffen in Ratingen-Lintdorf, als die Rede auf eine geplante Peru-Reise kam.

Variante b
Beule am Kopf

Eine junge Frau aus Hildesheim kommt im Herbst 1986 von einer mehrwöchigen Indien-Reise zurück. Wenige Wochen nach ihrer Heimkehr bemerkt sie einen kleinen Huckel auf ihrem Kopf. Sie schenkt dem aber zunächst keine weitere Beachtung. Tage später aber stellt sie fest, daß der Huckel zu einer ordentlichen Beule angeschwollen ist. Sie wird unruhig und meldet sich bei ihrem Hausarzt an. Am Morgen vor dem Arztbesuch wäscht sie sich die Haare. Beim Fönen streift sie versehentlich fest mit dem Kamm über die Beule. Diese reißt auf, und kleine, schwarze Fliegen schwirren aus der offenen Wunde. Die Frau erleidet einen schweren Schock.

Erzählt wurde diese Geschichte während einer Party im Dezember 1987 in Kassel. Gäste unterhielten sich über Urlaubsreisen und berichteten auch über Ungeziefer und seltene Krankheiten in fremden Ländern. In diesem Zusammenhang erzählte eine Hildesheimer Lehramtsreferendarin (27 Jahre) diese Geschichte. Sie hatte sie von einer Freundin gehört, die diese Sage während eines Indien-

Aufenthaltes von anderen deutschen Touristen als angeblich wahre Begebenheit erzählt bekommen hatte.

Verbreitet ist diese moderne Sage in Nord- und Mitteleuropa. In Varianten wurde die Geschichte schon mehrfach aufgezeichnet, so bei Virtanen (1987, 167), Klintberg (1986, 79) und Dale (1984, 68). Meist wird erzählt, daß Spinnen – seltener Fliegen – aus einer Beule schlüpfen. Immer sind es Frauen, denen meist nach einem Aufenthalt in einem fremden, exotischen Land Beulen an der Wange oder auf dem Kopf wachsen. Klintberg weist darauf hin, daß diese Beulen in der Regel dann aufspringen, wenn sich die Betreffende gerade vor einem Spiegel befindet. Man mag dies als Hinweis auf weibliche Eitelkeit auffassen, unbestreitbar aber wird durch das Motiv des Spiegels auch die Dramatik des Geschehens gesteigert: Denn die Frauen sehen im Spiegelbild, wie die Tiere hervorkommen.

Die schwarze Spinne ist in der deutschsprachigen Literatur als Teufels-Mal bekannt. 1842 schrieb Jeremias Gotthelf die Erzählung „Die schwarze Spinne", die vom Pakt einer Frau mit dem Teufel handelt. Auch in dem französischen Spielfilm „Die Vorleserin" (1988/89) kommt eine junge Frau vor, die an mysteriösen Beulen leidet und sich wegen der Beulen die Haare abschneiden läßt. Die Friseuse schneidet dabei aus Versehen in die Kopfhaut der Frau, und aus der Wunde kommen Spinnen heraus. Nach diesem Vorfall schließt die Friseuse ihren Salon.

Literatur: Lindemann/Zons 1989.

38. Kein Wasser und Brot

In der Nähe des Bodensees wurde ein betrunkener Autofahrer nachts von der Polizei wegen zu schnellen Fahrens angehalten und mit zur Wache genommen. Kaum angekommen, wurden die Polizisten zu einem Unfall gerufen. Den Fahrer sperrte man in eine Zelle. Es war ein sehr altes Polizeirevier, und die Zelle, eher ein Verlies, lag im hinteren Trakt. Als die Polizisten später zurückkamen, hatten sie den betrunkenen Autofahrer schon vergessen. Vierzehn Tage später traf eine Vermißtenmeldung ein: Gesucht wurde der besagte Autofahrer. Dieser hatte in der Zwischenzeit Tag für Tag seinen eigenen Urin getrunken und so überlebt. Er wurde völlig erschöpft in das nächste Krankenhaus gebracht.

Die Geschichte wurde einer Mitbewohnerin der Aufzeichnerin in einer gemütlichen Runde unter Krankenschwestern im September 1988 in Göttingen erzählt. Die Erzählerin, die vom Bodensee stammt, hatte die Geschichte dort von Freunden gehört; sie stand auch in der Allgäuer Zeitung.

Parallelen aus aktueller Erzählüberlieferung zu dieser Geschichte sind uns bisher nicht bekannt geworden. Inhaltlich verwandt ist die Gottscheer Volksballade vom „Fehlenden Kreuzer" aus dem 19. Jahrhundert. Darin wird erzählt, daß ein Landpfleger einen Bauern in den Turm wirft, weil ihm beim Bezahlen der Steuern ein einziger Kreuzer gefehlt hatte. Der Landpfleger vergißt den Gefangenen. Hier nimmt die Ballade eine andere Wendung: Erst nach einem Jahr erinnert sich der Landpfleger wieder an den Bauern und findet im Turm nur noch Knochen. Zur Strafe zerren Höllenhunde den Pfleger in die Hölle (Rolf Wilhelm Brednich – Wolfgang Suppan: Gottscheer Volkslieder Bd. 1: Volksballaden. Mainz 1969, 79–83, Nr. 25).

39. Blondes Haar

Der Sohn einer Kollegin meiner Mutter hat einen Freund, und der war vor zwei oder drei Jahren mit seiner Freundin im Sommer nach Marokko gefahren. Das ist eine ganz tolle Reise gewesen, bis sie nach Marrakesch gekommen sind. Da haben sie nämlich den Basar besucht, nachdem sie den Bulli am Stadtrand gelassen hatten, und haben sich den Markt in aller Ruhe angesehen. Auf einmal haben sie sich im Gedränge verloren, sind also getrennt worden, und dann hat dieser Freund das Mädchen nicht mehr wiedergefunden! Vier oder fünf Stunden hat er den Basar immer und immer wieder abgesucht, aber keine Spur von dem Mädchen gefunden, auch nicht in den nächsten Tagen, an denen er ebenfalls suchte. Als das Geld dann verbraucht war, mußte er nach Hause zurück. Von dort aus haben seine Eltern und die des

Mädchens die deutsche Botschaft mit der Suche beauftragt, aber die hat auch nichts ausrichten können. In den nächsten Ferien war er auch wieder in Marokko. Es war nichts zu machen. Seine Freundin war nicht wiederzufinden. Das Wahrscheinlichste ist, daß sie in irgendeinem Harem gelandet ist, weil sie doch lange, blonde Haare hatte. Solche Harems soll es da in den Großstädten ja noch vereinzelt geben.

Die Geschichte erzählte ein Student 1988 in Göttingen. Name und Wohnort der betreffenden Person wollte er nicht nennen, um die Anonymität zu wahren.

40. Kidnapping in Marokko

Eine junge Familie aus Berlin ist mit der vierjährigen Tochter im Herbst 1985 nach Agadir gereist. Während des Aufenthaltes besucht das Paar gemeinsam mit dem blondgelockten Kind den dortigen Basar. Die Marokkaner sind offensichtlich fasziniert von den blonden Haaren des kleinen Mädchens, dem sie immer wieder über den Kopf streichen. Ein Teppichhändler lädt das Paar mit dem Kind in seinen Laden ein, und nach mehreren Tassen Tee macht er den verdutzten Eltern den Vorschlag, das Mädchen gegen mehrere wertvolle Teppiche einzutauschen. Das Paar lehnt entsetzt ab und verläßt mit dem Kind sofort den Laden. Gemeinsam schlendern die drei noch etwas durch den Basar. Plötzlich ist das Kind verschwunden. Die Mutter hatte ihre Tochter eben noch an der Hand gehalten und nicht bemerkt, wie sie das Kind verloren hat. Die Eltern suchen den Basar vergeblich nach ihrer Tochter ab. Auch den Laden des Teppichhändlers, der zuvor das Mädchen kaufen wollte, stellen die verzweifelten Eltern auf den Kopf. Von dem Kind aber finden sie keine Spur. Die Deutschen wenden sich später auch an die marokkanische Polizei, die Ermittlungen einleitet. Aber das Kind bleibt verschwunden. Die Eltern hoffen noch heute darauf, ihr Mädchen eines Tages wiederzufinden.

Sie fahren jedes Jahr nach Agadir und suchen nach ihrer Tochter.

Erzählt wurde diese Geschichte von einer Berliner Studentin im September 1988 in Fethiye (Türkei). Sie hatte die Erzählung von einer Freundin gehört.

Klintberg weist darauf hin, daß bereits in der zweiten Hälfte des 19. Jahrhunderts Geschichten über verschwundene Frauen in Nord- und Mitteleuropa bekannt waren. Damals wanderten viele Europäer nach Amerika aus. Doch in der „Neuen Welt" herrschte Frauenmangel. In Europa wurde daher erzählt, daß Frauen nach Amerika entführt worden seien. In den modernen Varianten dieser Geschichte handelt es sich oftmals um blonde Frauen und Mädchen, die meist in südlichen Ländern verschwinden. Dadurch wird die allgemein herrschende Vorstellung, Blondinen seien bei den Männern Südeuropas, Afrikas und Asiens besonders begehrt, gestärkt.

In einer schwedischen Variante, die Klintberg aufgezeichnet hat, verschwindet eine junge Schwedin allerdings nicht etwa auf einem afrikanischen Basar, sondern in einer Pariser Boutique. Die Frau fällt durch eine Falltüre in einer Umkleidekabine (Klintberg 1986, 175–177). In einer finnischen Version geht eine Frau auf einem orientalischen Basar verloren. Auch hier spielt eine Klappe im Fußboden des Ladens eine Rolle (Virtanen 1987, 180).

41. Kinderwunsch

Eine Freundin erzählte mir von einer Bekannten, die schon seit längerer Zeit den Wunsch hegte, Kinder zu bekommen. Doch trotz aller „Bemühungen" klappte es nicht.

Nachdem diverse Gynäkologen zu Rate gezogen worden waren und auch keine Erklärung wußten, wechselte sie zu Heilpraktikern und Homöopathen, doch auch hier zeigte keine Therapie Erfolg. In ihrem letzten Urlaub dann fuhr diese Bekannte nach Marokko (oder Algerien?). Auch hier erzählte sie von ihrem Problem und wurde dann auf eine einheimische Frau aufmerksam gemacht, die in solchen Fällen schon vielen Frauen habe helfen können. Nach einigem Zögern entschloß sich die Bekannte dann doch, jene Frau aufzusuchen, und da sie ihr sympathisch war, ließ sie sich auch von ihr untersuchen. Die einheimische Frau entließ sie mit der Gewißheit, daß sich ihrem Eindruck nach bald eine Schwangerschaft einstellen würde.

Zurück in Deutschland, passierte erst einmal gar nichts. Nach einigen Monaten traten dann aber starke Unterleibsschmerzen auf, und die Frau ging abermals zu einem Gynäkologen. Dieser untersuchte sie eingehend und förderte dann drei dunkle Kügelchen zutage, die er zur weiteren Untersuchung an ein chemisches Labor einsandte. Als nach wenigen Tagen das Ergebnis der Untersuchung bekannt wurde, waren alle Beteiligten recht erstaunt: Es handelte sich bei den drei Kügelchen um Kamelmist.

Diese Geschichte hörte die Aufzeichnerin von einer Kommilitonin in Göttingen, welche sie von einer Freundin in Hamburg im Januar 1988 erzählt bekommen hatte.

III. Einkaufsgeschichten

42. Ein exklusives Abendkleid

Eine Bekannte meiner Arbeitskollegin wollte sich endlich einmal wieder ein schönes Abendkleid leisten. Nach langem Suchen fand sie in einer exklusiven Boutique das passende Kleid und entschloß sich, es zu kaufen, obwohl es ihr eigentlich viel zu teuer war. Es mußte allerdings zuerst noch gekürzt werden und wurde deshalb direkt zur Änderungsschneiderei gegeben. Als die Kundin wenige Tage darauf früher als erwartet in die Boutique kam, um das Kleid abzuholen, bekam sie es noch in der Verpackung von der Änderungsschneiderei übergeben, da niemand im Geschäft sich die Mühe gemacht hatte, den Karton vorher zu öffnen. Um das Kleid ihrem Mann am Abend vorführen zu können, nahm sie es zu Hause heraus und entdeckte folgende Notiz des Schneiders an den Inhaber der Boutique: Aus China importierte Billigware ändern wir eigentlich nicht!

Aufgezeichnet wurde diese Erzählung im Juli 1988 in Kiel. Nachdem die Geschichte erzählt worden war, kam von anderen Frauen die Bemerkung, daß sie dies auch schon gehört hätten; es sei jedoch einer anderen Kundin in einer weiteren Boutique passiert.
Überall dort, wo eine Geschichte dieser Art auftaucht, verbreitet sie sich zumeist sehr schnell in der entsprechenden Stadt. Schon bald schwirren die verschiedensten Varianten über Kundin und Boutique umher. Als Motivation zur Entstehung dieser Erzählungen führt Klintberg die von vielen Frauen als maßlos überhöht angesehenen Preise in Modeboutiquen an (Klintberg 1986, 161f.).

43. Kälteschock im Supermarkt

Vorige Woche brach in Heidelberg bei Edeka an der Kasse eine alte Frau ohnmächtig zusammen. Die Kunden in der Warteschlange bemühten sich sehr um sie. Der Filialleiter telefonierte aufgeregt nach dem Rettungswagen. Es herrschte große Aufregung, und alle waren froh, als der Notarzt mit dem Rettungswagen eintraf. Ein Sanitäter nahm die alte Frau in den Arm, damit der Arzt sie besser untersuchen konnte. Da rutschte der alten Dame der Hut vom Kopf, und zum allgemeinen Erstaunen kam ein tiefgekühltes Hähnchen zum Vorschein. Für den Arzt war die Ohnmacht damit erklärt, und er gab der Frau noch eine Spritze für den Kreislauf. Der Filialleiter verzichtete auf eine Anzeige wegen Diebstahls, weil ihm die alte Frau leid tat.

Erzählt wurde der Aufzeichnerin diese Geschichte im Mai 1988 von einer Nachbarin in Heidelberg. Diese hatte die Geschichte von der Kassiererin des Supermarktes gehört. Fast die gleiche Geschichte findet sich bei Smith (1986, 53) und Virtanen (1987, 36).

44. Angebot und Nachfrage

Ein Schüler war stets in Geldnot. Er kam deshalb auf den ungewöhnlichen Gedanken, sein Taschengeld aufzubessern, indem er einem Leihhausbetreiber seinen Sturzhelm anbot. Der Mann jedoch lehnte die Annahme des Sturzhelms unter Bedauern mit der Begründung ab, daß in seinem Hause für ein solches Objekt noch nie Nachfrage bestanden habe.

An den folgenden Tagen wurde mit den Klassenkameraden auf dem Schulhof darüber beraten, wie der Pfandverleiher für die Übernahme eines Sturzhelms interessiert werden könnte. Schließlich schlug einer der Schüler vor, im Leihhaus verstärkt die Nachfrage nach einem Sturzhelm zu betreiben. Einige der Schüler gingen an den darauffolgenden Tagen nacheinander ins Leihhaus, um ihr Interesse am Erwerb eines Sturzhelms zu bekunden. Der Pfandverleiher bedauerte jedes Mal sehr, nicht damit dienen zu können.

Wieder vergingen einige Tage, bis der Sturzhelmbesitzer erneut den Pfandverleiher aufsuchte und seinen Helm anbot. Jetzt hatte er Glück. Der Leihhausbetreiber begrüßte den jungen Mann ganz erfreut – er erkannte ihn sofort wieder – und berichtete ihm von den verschiedenen Interessenten, die jüngst nach einem solchen Objekt gefragt hätten. In beiderseitigem guten Einvernehmen kam das Geschäft zustande. Die Aufbesserung des Taschengeldes war damit gelungen, nicht aber die Weitergabe des Sturzhelms. Keiner der Interessenten kam jemals ins Leihhaus zurück.

Eingesandt aufgrund eines Artikels im Göttinger „Blick" über „Moderne Sagen" von einer Leserin aus Göttingen im Januar 1989.

45. Das Hutschenreuther Kaffeeservice

Der Sohn der Erzählerin wollte sich als Student ein Taschengeld verdienen und beim Flohmarkt in Mainz für eine Mark einen Stand mieten. Er fragte seine Großmutter, ob sie ihm einige Antiquitäten für seinen Stand geben könne. Sie gab ihm ein nicht mehr ganz vollständiges historisches Kaffeeservice von Hutschenreuther, das er für teures Geld auf dem Flohmarkt verkaufte.

Eine Woche später ging die Erzählerin – die Mutter des Studenten, die nichts von der Sache ahnte – ebenfalls auf den Flohmarkt und sah genau die Tasse samt Untertasse von Hutschenreuther, die ihrer Mutter zur Vervollständigung des Services fehlte. Sie zahlte 28,– DM dafür und fuhr freudestrahlend zu ihrer Mutter nach Hause, nur um zu erfahren, daß das Service eine Woche zuvor bereits den Weg zum Flohmarkt gefunden hatte.

Erzählt von der Sekretärin der ZDF-Tele-Illustrierten im Anschluß an eine Sendung über „Moderne Sagen" am 30. 12. 88 in Mainz-Lerchenberg.

IV. Essen und Trinken

46. Die Großmutter im Carepaket

Eine Bekannte berichtete, daß Freunde ihrer Eltern die folgende Geschichte erzählt hätten. Nach dem Krieg sei diese Familie von amerikanischen Verwandten regelmäßig mit Care-Paketen versorgt worden. Schokolade, Kaffee, Trockenmilch, alles habe man ihnen geschickt. Eines Tages traf ein Paket ein, in dem sich eine große schwarze Dose befand. Die Familie öffnete sie neugierig und fand ein Pulver, das man sofort – schon wegen der wertvollen Verpackung – für die neueste Nahrungsergänzung hielt. Man stellte die Dose in die Küche und verwöhnte täglich die Familie mit diesem Nahrungszusatz. Dann, Wochen später, traf ein Brief ein: „Vor acht Wochen ist unsere geliebte Mutter und Großmutter verstorben. Ihrem Wunsch gemäß haben wir ihre Asche in die deutsche Heimat überführen lassen. Die Urne wird in den nächsten Tagen bei Euch eintreffen. Bitte bestattet sie feierlich. Zur Deckung der Bestattungskosten schicken wir Euch anliegend 200 Dollar."

Der Aufzeichner brachte im Gespräch mit seiner Bekannten die Rede auf das Seminarprojekt und die modernen Sagen, als ihr diese Geschichte einfiel. Sie habe zwar nie daran geglaubt, aber sie sei ihr als wahr erzählt worden.

Die „Großmutter im Carepaket" ist einer der Klassiker der modernen Sagen. Die Geschichte gehört ihrer Entstehung nach in das Umfeld der Nachkriegszeit und der Care-Pakete, könnte demnach also in Mitteleuropa entstanden sein. Ein früher Beleg findet sich in dem Aufsatz von Leopold Kretzenbacher: Der steirische Schwank vom falschen Sarg. In: Blätter für Heimatkunde 32 (Graz 1958), 77–83.

Die Geschichte ist aber auch in England bekannt. Sie handelt von einer Großmutter, die auf eine Fernostreise geht und ihren Enkeln verspricht, von dort ein Paket mit Gewürzen zu schicken. Tatsächlich trifft nach einigen Wochen ein Paket ein, in dem sich eine Dose mit einem grauen Pulver befindet. Es wird als Zutat für den Weihnachtskuchen verwendet. Erst später erfährt die Familie, daß die Großmutter auf der Reise verstorben war und ihre Asche der Familie ordnungsgemäß übersandt wurde. Laut Smith (1983, 106) ist diese Geschichte bereits seit 1955 in Michigan/USA nachweisbar und diente 1972 als Vorlage für den Einakter „Funeral Tea" von Pat Wilson. In einer Version, die Dale (1984, 81) anführt, handelt es sich um ein Paket von Verwandten aus Australien, deren Mutter gerne in der Heimat begraben werden wollte. In einer polnischen Variante der Sage stammt das Paket mit der Asche aus der Bundesrepublik Deutschland (Simonides 1987, 270).

Als Beispiel für moderne Sagen hat der Herausgeber dieser Sammlung eine Variante davon am 30. 12. 1988 in einer Fernsehsendung des ZDF erzählt. Für die Bekanntheit der Geschichte spricht, daß er daraufhin eine ganze Reihe von Zuschriften erhalten hat, die mitteilten, an welchem Ort die Sache passiert sei, wie der Name des verstorbenen Großvaters in den USA lautete, wann und wo Rundfunk und Fernsehen über dieses Ereignis berichtet haben, usw. In den Briefen fanden sich auch Dutzende von Niederschriften eines Gedichtes in verschiedenen süddeutschen, sächsischen und erzgebirgischen Mundartfassungen. Der Vergleich ergab, daß das Gedicht ursprünglich in pfälzischer Mundart abgefaßt war, weshalb wir bei dem folgenden Abdruck einer Version aus Eisenberg/Pfalz den Vorzug geben, die wir Heinrich Weber aus Mainz verdanken.

Ein Carepaket

Ehr Leit, ehr Leit, ich kreisch Hurra!
E Päckche aus Amerika
Vun unsre liewe Tante Rose
Mit siewe hoffnungsvolle Dose.
Ehr Leit, ehr Leit, was koscht die Palz?
E Doppelkilo Schweineschmalz,
E Dos voll echte Kakao,

E Kilo Bohnekaffee roh,
Seh ich dann richtig, meiner Seel?
E großi Bichs Oliveöl,
E extra großi Dos voll Reis,
Drei Kilo Mehl, wie Schnee so weiß.
Des alles schrieb die Tante Rose
Ganz eigenhändig uff die Dose,
Damit mer gleich, was drinn is, merke,
Denn Englisch is net unser Stärke.
Bloß uff de siebte Weißblechdos,
Do ging scheinbar de Zettel los.
Was könnt des in der Dos do sei?
Ich steck emol mein Riecher nei:
Es is ke Mehl un's is ken Grieß,
Es schmeckt wie eingeschlofene Fieß.
Mer henn uns all die Köpp zerbroche,
Was kennt mer aus dem Pulver koche?
Bestimmt ist's ebbes for de Mage,
Doch was es is, kann kener sage.
Ich mach en Schluß der Roterei –
Punktum! mer kochen's mol als Brei.
Mei Fraa setzt's dann a üwers Feier
Un macht's noch schmackhaft mit zwee Eier.
Un uff den Rot vun unsre Oma
Gibt es noch ebbes Zimtaroma.
Sie macht's noch glatt mit ebbes Schmalz
Un kräftigt's mit 're Hand voll Salz.
Dann rührt se noch e Dägel dra
Un richt's zum Mittagesse a,
Fei abgeschmeckt mit Fett un Zwiewel –
Un 's war dann net emol so üwel!
De Mage war mol widder still,
Nun soll's gewest sei, was es will.
Ehr Leit, bereits schun drei Dag druff
Klärt sich des ganz Geheimnis uff.
Do hört, was uns die Tante schreibt,
Sunscht sagener noch, der üwertreibt:
„In tiefem Schmerze, meine Liewen,
hab ich Eich diesen Brief geschriewen.

> Der liewe Onkel Theodor
> verstarb mit dreiunachtzig Johr.
> Es war schon immer sei Marotte,
> Er wollt, daß er im Pälzer Bodde
> Zur letschte Ruh bestattet sei.
> Setzt ihn in aller Stille bei.
> In Tiefer Trauer – Tante Rose –
> Sei Äsch is in de Weißblechdose!

Kurt Ranke hat dieses Motiv des „Unabsichtlichen Kannibalismus" (Accidental cannibalism) bis ins Mittelalter zurückverfolgt. Schon in den Facetien des Florentiner Erzählers G. Fr. Poggio Bracciolini (1380–1458) wird von zwei reisenden Juden berichtet, von denen der eine stirbt und der andere den Leichnam nach Venedig bringen will. Da dies jedoch aufgrund der Vorschriften nicht möglich ist, zerlegt er den Toten und packt ihn, mit Gewürz und Honig vermengt, in ein Faß. Auf der Überfahrt mit dem Schiff bemerkt nachts ein Mitreisender das wohlriechende Faß, öffnet es und kostet von dem Fleisch. – In einer Variante des 17. Jahrhunderts wird auf die gleiche Weise ein verstorbener Jude von Alexandria in seine Heimat gebracht. Die hungrigen Matrosen des Schiffes halten den Inhalt für Pökelfleisch. Eine dritte Version findet sich in den berühmten Schwänken des Hodscha Nasreddin (Ranke 1973).

47. Kuchen mit Füllung

Ein Ehepaar aus Kassel hat überraschend am Nachmittag noch Besuch bekommen. Da man nun keinen Kuchen zum Kaffee hat, geht der Ehemann schnell zu einem nahegelegenen Bäcker. Später sitzt man gemütlich beieinander und läßt sich die Kuchenstücke schmecken. Am Ende ist noch ein Stück übrig. Erst will es natürlich niemand essen, schließlich einigen sich die beiden Ehemänner, es sich zu teilen. Das Kuchenstück wird also sorgfältig in der Mitte durchgeschnitten; als aber die beiden Hälften auf die Teller verteilt sind, sieht man, daß man nicht nur den Kuchen, sondern auch eine mitgebackene Kakerlake zerkleinert hat.

Erzählt wurde diese Begebenheit der Mutter der Aufzeichnenden von einer Nachbarin, die angab, daß sich der Vorfall bei ihrer Freundin zugetragen habe. Aus der Literatur ist diese Geschichte nicht bekannt, zumindest nicht mit einer Kakerlake.

48. Fleischlos

Vor einiger Zeit hat sich jemand, wohl in einem Hamburger-Restaurant, eine Salmonellenvergiftung eingehandelt. Als er das Restaurant verklagen will, hat der Koch nachgewiesen, daß gar kein Fleisch in seinen Buletten gewesen ist.

Erzählt von einer Studentin (28 Jahre) in Göttingen im November 1988. Eine andere Studentin (24 Jahre) erwähnte sofort: „Ja, das habe ich auch gehört, das soll aber in einer Mensa, in Hannover oder so, passiert sein."

49. Brombeerkäfer

Als die Aufzeichnende mit ihrem Freund im Oktober 1988 Bekannte in der Nähe von Hannover besuchte, wurde letzterer von der Ehefrau um Rat gefragt:

Sag' mal, Du kennst Dich doch mit Schmetterlingen und Käfern aus! Ist Dir da irgendwo in einem Bestimmungsbuch schon mal ein Brombeerkäfer begegnet? Als er verneinte, fuhr sie fort: Es ist nämlich so: Einer Bekannten unserer Nachbarin ging es die letzten Monate überhaupt nicht gut. Sie wurde auf einmal immer unscheinbarer, wollte gar nichts mehr essen und wurde immer dünner. Zum Schluß wog sie nur noch 35 Kilo, und das mit über sechzig! Und kein Arzt konnte mit der Krankheit etwas anfangen, von einem zum anderen wurde sie geschickt. Zuletzt war sie bei einem Internisten. Der wußte auch nichts dazu zu sagen, meinte aber, wenn's an nichts anderem gelegen hätte, könnte es ja vielleicht der Magen sein. Die Frau kam also ins Krankenhaus, und wie sie ihr den Magen aufmachten, fanden sie darin einen Brombeerkäfer. Der hatte dort gelebt! So lange, wie das schon gedauert hatte, mußte der da schon ein paar Monate drin gewesen sein. Angeblich legt so ein Käfer in Brombeeren seine Eier ab, und im Sommer hatte die Frau wohl Beeren gegessen, in denen schon Maden waren. Die kamen mit in den Magen und haben sich zu dem Käfer entwickelt. Sie konnte aber noch von Glück sagen. Irgendein entfernter Verwandter von meinem Mann, ein Onkel oder so, ist vor etlichen Jahren daran gestorben. Dem ging's immer gut, er hatte nie irgendwelche Krankheiten, und auf einmal wurde er immer dünner und war dann ganz plötzlich tot.

50. Bohnensuppe

Zwei ältere alleinstehende Schwestern, ehemalige Lehrerinnen, lebten zurückgezogen in der Nähe von Kassel. Seit ihrer Pensionierung bauten sie den größten Teil des Gemüses selbst an. Einmal hatten sie im Haus einige Malerarbeiten zu erledigen. Als sich die Arbeiten über Mittag hinzogen, boten sie dem Maler an, doch mit ihnen zu Mittag zu essen, es gäbe Bohnensuppe aus eigener Ernte. Der Maler war natürlich ganz froh über die Einladung, und so aß man gemeinsam. Einige Zeit nach dem Essen wurde allerdings allen dreien furchtbar schlecht, aber ein herbeigerufener Arzt und der Krankenwagen kamen zu spät. Die drei waren an einer Lebensmittelvergiftung durch die eingelegten Bohnen, die schon jahrelang im Keller aufbewahrt worden waren, gestorben.

Diese Geschichte wurde der Aufzeichnerin während eines Krankenhausaufenthaltes im Frühjahr 1985 von einer Schwester berichtet, die damit gleichzeitig vor der an diesem Tag auf dem Speiseplan stehenden Bohnensuppe warnen wollte.

51. Gefährliche Coca-Cola

Ein Wissenschaftler wollte die Gefährlichkeit von Coca-Cola nachweisen. Deshalb legte er über Nacht eine tote Ratte in einen Eimer mit dem Limonadengetränk. Am nächsten Morgen waren von dem Tier nur noch ein paar Hautfetzen, Knochen und der Schwanz übrig. Der Rest war von der Säure in der Coca-Cola zerfressen worden.

Diese Geschichte erzählte ein etwa 15jähriger Schüler im Sommer 1968 auf einer Schülerfete, als man der Coca-Cola reichlich zusprach.
Bei Virtanen findet sich eine finnische Variante dieser modernen Sage; hier löst das Getränk jedoch einen Milchzahn auf (Virtanen 1987, 108).
Ein Mitglied der Projektgruppe berichtete bei der Vorstellung der Erzählung, sie hätten in der Schulzeit einen Versuch mit einem Stück Fleisch oder Leber in Coca-Cola durchgeführt. Auch diese Einlage sei tatsächlich vollständig aufgelöst worden.
Zahlreiche Schreckensgeschichten über die angebliche Gefährlichkeit von Coca-Cola sind im Ursprungsland dieses Getränks, in den USA, geläufig. Die amerikanischen Folkloristen haben für diese Erzählungen die Sammelbezeichnung „Cokelore" eingeführt (Fine 1979).

52. Vergiftete Orangen

Eine Frau kauft in einem Göttinger Kaufhaus Orangen aus Israel. Abends, als die Kinder die Orangen schälen, finden sie in der Frucht kleine, silbrig aussehende Kugeln. Später wird über die Massenmedien vor dem Verzehr solcher Orangen gewarnt. Sie seien, um den Staat Israel zu schädigen, von Terroristen mit Quecksilber vergiftet worden.

Diese Geschichte wurde in einer Göttinger Obsthandlung 1986 von einer Kundin erzählt. Geschichten dieser Art tauchen – zumal in politischen Krisenzeiten – immer wieder auf und werden auch von den Medien oft ungeprüft übernommen, um dann kurze Zeit darauf wieder dementiert zu werden, weil meistens nicht die Spur einer Wahrheit darin steckt. An solchen Beispielen wird die Nähe von moderner Sage und Gerücht besonders deutlich. Bregenhøj ist 1978 in einem Aufsatz diesen Affinitäten am Beispiel der angeblich von Terroristen vergifteten israelischen Orangen nachgegangen.

53. Lachspastete

Die Frau eines jungen norddeutschen Industriellen hat zum ersten Mal die Kollegen ihres Mannes zu Besuch. Natürlich gibt sich die Dame des Hauses alle erdenkliche Mühe, mit ihren Fähigkeiten zu glänzen. Das kalte Buffet besteht nur aus den allerfeinsten Köstlichkeiten, mit Lachspastete als kulinarischem Höhepunkt. Aber, oh Schreck: kurz vor dem Eintreffen der ersten Gäste erwischt man die Hauskatze, die sich ausgerechnet an der Pastete gütlich tut. Die Dame ist mit den Nerven am Ende, die Zeit reicht nicht mehr, um Ersatz anzufertigen. Also streicht sie die Pastete glatt, und schon stehen die ersten Gäste vor der Tür. Die Party wird zu einem überragenden Erfolg für die Gastgeberin, der alle Sympathien ihrer hochrangigen Gäste zufliegen. Über das kalte Buffet schwärmen alle nur in den höchsten Tönen.

Man begleitet die letzten Gäste spät in der Nacht noch vor die Tür, und auf dem Weg zurück findet das Ehepaar die geliebte Katze vor der Haustür: tot! Beide haben nur einen Gedanken: die Lachspastete verdorben, die Gäste vergiftet! Dem Ehemann bleibt auf Drängen seiner Frau nichts anderes übrig, als die Gäste per Telefon aus dem Schlaf zu klingeln und ihnen dringend zu raten, sich in der Klinik den Magen auspumpen zu lassen. Man kann sich vorstellen, wie groß der Ärger ist, wie sehr das Image der Familie leidet. Als schließlich alles überstanden ist, findet der Ehemann beim Schließen der Haustür einen Brief des Nachbarn im Briefkasten: Es tue ihm schrecklich leid, er sei spät abends nach Hause gekommen und habe in der Finsternis bei der Einfahrt in seine Garage die Katze überfahren. Er habe sie vor die Haustür gelegt.

Erzählt im Jahre 1988 von einer Göttinger Bibliothekarin, deren Freundin die Familie kennt, in der die Geschichte passiert ist. Die Erzählung ist schon einige Jahrzehnte alt. 1951 wurde sie bereits als Episode in dem Curt-Goetz-Film „Dr. med. Hiob Prätorius" (Göttingen 1951) verwendet. Darin besteht die böhmische Köchin eines herrschaftlichen Hauses in Wien darauf, bei der Silbernen Hochzeit zu den Knödeln Champignons zuzubereiten, obwohl die Herrschaften keine Pilze mögen. Bei der Vorbereitung des Mahles füttert die Köchin den Hund mit Pilzabfällen, der nach der Feier tot vor dem Haus aufgefunden wird. Eine sehr ähnliche englische Variante dazu hat Smith (1983, 56) unter dem Titel „The perfect mousse" veröffentlicht. In der Version bei Dale (1984, 49) gibt eine Frau ihrem Mann zum Pferderennen vermeintlich vergiftete Lachssandwiches mit. In noch weiter vereinfachter Form kursiert die Geschichte auch in Finnland (Virtanen, 1987, 136). Als neuestes Beispiel für die Verwendung des Stoffes ist der Kinofilm „Ninas Alibi" (USA 1989) zu nennen, worin eine Rumänin ein traditionelles Mahl bereitet, an dem die Katze eingeht.

54. Ausländisch essen

Variante a

Die Frau eines Bekannten wollte unbedingt mal wieder von ihrem Mann zum Essen ausgeführt werden. In Göttingen hatte gerade ein neues griechisches Restaurant eröffnet, und alle ihre Bekannten waren schon dort gewesen. Eines Abends gelang es ihr, ihren Mann zu überreden. Sie verbrachten einen gemütlichen Abend und kehrten gesättigt und zufrieden nach Hause zurück. Stolz, nun endlich auch in dem Restaurant gewesen zu sein, erzählte die Frau am nächsten Morgen sofort ihrer Nachbarin von dem vorzüglichen Essen. Doch anstatt in ihre Begeisterung einzustimmen, schaute die Nachbarin die Frau nur ganz entsetzt an und rief aus: Aber es stand doch gestern in der Zeitung, daß die dort mit Hundefutter kochen!

Solche Erzählungen existieren über alle Arten ausländischer Restaurants. Besonders betroffen sind chinesische und andere fernöstliche Lokale, aber auch südländische Gaststätten sowie moderne Hamburger-Restaurants werden nicht ausgespart. Diese Gaststätten werden häufig aufgesucht, zumal die Speisen dort oft preiswerter sind als in einheimischen Restaurants, aber der ungewohnte Geschmack und die fremdartige Zubereitung der Mahlzeiten verleiten die Gäste dazu, etwas Schlechtes zu vermuten. Auf diesem Nährboden gedeihen dann Gerüchte und Verleumdungen, die schon manchen Gastronomen zur Aufgabe gezwungen haben.

Nicht in allen Texten wird von Hundefutter im Essen berichtet. So ist mitunter auch von Rattenfleisch die Rede. Darüber hinaus sollen schon alle möglichen unappetitlichen Fremdkörper in Speisen aufgetaucht sein, etwa Rattenzähne oder -krallen, aber auch Ungeziefer aller Art wie Kakerlaken, Maden, Mäuse und anderes Kleingetier.

Der vorstehende Text wurde in die Sammlung aufgenommen, nicht weil es sich um ein tatsächliches Vorkommnis handelt, sondern um zu zeigen, wie aus unbestätigten Gerüchten durch Lokalisierung, Datierung und Zuschreibung an bestimmte Personen leicht eine Erzählung geformt werden kann. Solche aus Gerüchten hervorgegangenen Geschichten zeigen das tiefverwurzelte Mißtrauen gegen alles Fremde und Andersartige. Sie sind eine internationale Erscheinung und praktisch in allen Sammlungen moderner Texte ausführlich vertreten; so z. B. bei Brunvand (1984, 103–130), Smith (1983, 53–55), Klintberg (1986, 62–72), Baker (1982, 210f.) u. a. Literatur: Domowitz 1979; Fine 1980; Shorrocks 1980.

Variante b

Ein Bekannter von mir schwärmte lange Zeit für die südamerikanische Küche mit ihren exotischen Gewürzen, bis ihm folgende Geschichte passierte: Auf einer Reise nach Amsterdam fand er beim Bummel durch enge Gäßchen ein kleines mexikanisches Restaurant, das genau seinen Vorstellungen von südamerikanischer Gastlichkeit entsprach. Zusammen mit seiner Freundin ließ er sich vom Wirt ein üppiges und „garantiert original mexikanisches" Menü zusammenstellen. Nie zuvor habe er so köstlich gegessen, schwärmt er noch heute. Nur auf dem Heimweg zum Hotel sei ihnen beiden sehr merkwürdig zumute gewesen. Er selbst sah sich ständig als Adler über dem Viertel kreisen, während seine Freundin nur starr durch die Gegend blickte und seltsame, tierähnliche Laute ausstieß. Beide schrieben dies zunächst dem reichlichen Tequilagenuß zu, doch als dieser Zustand den ganzen nächsten Tag andauerte, suchten sie einen Arzt auf. Dieser untersuchte die beiden und bat sie dann, sich zu setzen. Er teilte ihnen mit, daß sie beide unter der Einwirkung von Psilocybin-Pilzen stünden, welche eine Droge enthielten, die vor allem die Indios Südamerikas zur Erreichung tranceähnlicher Zustände benutzen. Beide erschraken zutiefst und erinnerten sich lebhaft an das am Abend vorher genossene Mahl, das tatsächlich auch einige fremdartig schmeckende Pilze enthalten hatte. Seit diesem Erlebnis machen beide um exotische Restaurants einen großen Bogen.

Erzählt in einem mexikanischen Restaurant von Gästen, die über sehr scharfes Essen scherzten. Göttingen, August 1989.

55. Rattenzahn im Hamburger

Dem Freund eines Bekannten, einem Chemiestudenten, ist in Kiel folgendes passiert. Spät abends verspürte er mit einem Mal großen Hunger und entschloß sich, noch eben in einem Hamburger-Restaurant etwas zu essen. Er bestellte sich einen Hamburger, den er genüßlich bis zur Hälfte verspeiste. Plötzlich biß er auf etwas Hartes, Spitzes. Er beschloß, den kleinen weißen Gegenstand zur Analyse mit ins Labor zu nehmen. Die Untersuchung ergab zweifelsfrei: Rattenzahn!

Diese moderne Sage wurde der Aufzeichnerin beim Kaffeetrinken von einem Medizinstudenten im Juli 1988 in Kiel erzählt. Dazu angeregt wurde der Erzähler durch eine Diskussion über Entstehung und Merkmale moderner Sagen.

56. Die geteilte Suppe

Eine junge Frau, eine Studentin, geht zu Karstadt ins Restaurant und kauft sich eine Suppe und eine Cola. Sie trägt beides an einen Tisch, und als sie dort angekommen ist, merkt sie, daß sie vergessen hat, einen Löffel mitzunehmen. Sie geht zurück und holt sich den Löffel. Als sie wiederkommt, sitzt an ihrem Tisch ein Schwarzer und löffelt in ihrer Suppe. Im ersten Moment regt sie sich innerlich auf, dann denkt sie: „Naja, besser mit Humor nehmen, der hat vielleicht Hunger und nicht so viel Geld", setzt sich dazu, taucht ihren Löffel auch ein und unterhält sich mit ihm. Sie kommen ins Gespräch und teilen sich noch die Cola, und es ist richtig nett. Zum Schluß sagt sie dann, sie müsse gehen; als sie aufsteht, merkt sie, daß ihre Jacke nicht da über dem Stuhl hängt, guckt sich um und sieht auf dem Nebentisch ihre unangetastete Suppe und ihre Jacke über der Stuhllehne.

Quelle: Volkskundlerin, 28 Jahre, mündlich am 14.11.1988, von Bekannten in Göttingen vor zwei Jahren als tatsächliche Begebenheit gehört.
Auch diese Geschichte ist eine internationale Wandersage. Eine englische Variante findet sich bei Smith (1986, 23). Sie stammt aus Southampton und berichtet von einer Frau, einem Punker und einer Tafel Kit-Kat, die der Frau versehentlich in die Einkaufstasche gefallen ist.
Zur „Geteilten Suppe" liegt uns auch ein aktuelles Kölner Mundartgedicht vor, das wir nachfolgend als Beweis dafür abdrucken, wie rasch sich auch andere ‚Medien' der Stoffe moderner Sagen bedienen.

Och dat jitt et!

Ming Tant wollt ens en Kölle esse,
och Tante künne jet verjesse.
Wie et em Levve mänchmol jeit,
passt op, wat do passeere deit!
Als Selvsbedeener hollt se sich
en Äzesupp met Woosch an der Desch.
Die Tüt met däm, wat se kaufen dät,
stallt se nevven der Stohl jlich op de Äd.
Se merk, der Löffel fähle deit,
un ohne Löffel dat nit jeit.
Schnell hollt se Löffel und e Metz,
doch dann wor ehre Platz besetz.
Ne Neger wor ehr Zupp am esse,
ehr Bildung hät se do verjesse.
Se reef: „Do Lump, wat fällt Deer en,
dat es ming Zupp met Woosch noch dren.
Dä Neger, dä verstund kein Woot,
hä laachte, wollt ehr sin noch jot.
Hä hollt zwei Bier, jov ehr de Hand,
die Tant, die hatt hä nit jekannt.
Die Woosch kräg sei im us der Zupp
un reef: Die kriß do nit, do stund dä op.
Hä schnapp die Tüt, jing noh der Stroß,
Hölp, reef die Tant, dä hät ming Blos.
Do kom e Mädche ahngerannt,
meint, hatt ehr üch de Schnüss verbrannt?
Wie kann man sich denn so benehmen,
Sie sollten sich doch etwas schämen!
Wat, säht die Tant, dat es vermesse,
dä Neger hät ming Zupp gefresse.
Die Woosch, die hät hä ävver nit,
doch ming schön Blos, die nohm hä met.
Do jing e Leech däm Mädche op,
et säht: Frau, drieht eröm dä Kopp.
Am Desch do hingen steit en Wiel
Ühr Zupp dämp nit mieh, Dunnerkiel!
Och steit ühr Blos am Stohl dobei,

Do dät die Tant nen laute Schrei.
O Jott, ich hann mich jo verdonn
jetz kann dä Neger ich verstonn.
Doch dä wor fott, dä ärme Käl,
nä, säht die Tant, wat wor ich schäl.
Doch süht ne Nejer se, dä weed
zickdäm vun ehr nor noch hufeet.

Verfasserin: Johanna Fendel, Köln. Quelle: Frauen schreiben Geschichte(n). Kölner Frauen Lesebuch. Köln 1989, 97f. (Abdruck mit freundlicher Genehmigung des Marabuch Verlages Köln.)

V. Kinder

57. *Die eifersüchtige Schwester*

Als die Geschwister beim Spielen waren, hat die ältere Schwester – in einem von der Mutter unbeobachteten Moment – ihrem jüngeren Bruder den Penis abgeschnitten, weil sie so eifersüchtig auf ihn war. Als die Mutter ihren Sohn ins Krankenhaus fahren wollte, hat sie beim Zurücksetzen mit dem Auto ihre Tochter überfahren.

Dieses wurde der Mutter der Aufzeichnerin, als letztere zufällig dabeistand, vor etwa 18 Jahren von einer Freundin in Hamburg erzählt.
Eine Variante, die von einer Projektteilnehmerin 1973 in Köln aufgezeichnet worden war, ist von einer 28jährigen Lehrerin beim Wickeln erzählt worden: „Eine Mutter wickelte gerade ihren vier Monate alten Sohn, als das Telefon klingelte. Während des Gespräches schnitt die vierjährige Tochter, von der Mutter unbeobachtet, ihrem Bruder den Penis ab. Als die Mutter mit ihrem Sohn das Krankenhaus erreichte, war das Kind bereits verblutet." Im Unterschied zu der oben wiedergegebenen Sage geschieht der Tochter hier nichts, während der Sohn an dem Penisneid der Schwester stirbt.
In einer anderen Horrorerzählung, die Silvester 1988 von einer Psychologin erzählt wurde, die sie von ihrer Mutter gehört hatte, wird, wie in der oben genannten Variante, berichtet, daß eine Frau gerade ihr neugeborenes Kind wickelt. Als die zuschauende, etwa drei Jahre alte Schwester nach dem Zipfelchen an dem Bauch des Babys fragt, bekommt sie zur Antwort, daß die Ärzte vergessen hätten, es abzuschneiden, daß es später aber noch entfernt würde. Als die Mutter kurze Zeit danach zu ihrem Baby zurückkommt, hat das Mädchen ihrem Bruder gerade mit der Schere den Penis abgeschnitten. Die Mutter nimmt das blutende Kind, um es in die

Klinik zu fahren. Beim Wegfahren überfährt sie ihre hinterherlaufende Tochter. Auch hier sterben, wie bei der ersten Fassung, beide Kinder. Ähnliches berichtet Dale (1984, 90) aus England und Klintberg (1986, 108) aus Schweden.

Der Stoff zu dieser Geschichte ist schon älter. Ein Zeitungsbericht vom 19. 1. 1901 in der Sollinger Zeitung aus Uslar erzählt von einer furchtbaren Familientragödie, die sich in Italien abgespielt haben soll: Ein Mann war vom Jahrmarkt heimgekehrt, hatte den Erlös des verkauften Viehs auf den Tisch gelegt und das Haus dann für kurze Zeit verlassen. Währenddessen begann der dreijährige Sohn die Banknoten beim Spielen mit der Schere zu zerschneiden. Der zurückkehrende Vater erschlug wütend seinen Sohn mit der Hacke auf dem Hof. Die herbeilaufende Mutter, die gerade ihre einjährige Tochter badete, wurde bei dem Anblick vom Schlage getroffen. Inzwischen war die Tochter im Waschtrog ausgeglitten und ertrank im Badewasser, woraufhin sich der Vater erhängte.

Auch die Brüder Grimm haben ähnliche Geschichten gesammelt (Bolte und Polívka I, 1913, 202–204), in denen sich Kinder gegenseitig umbringen: Eine berichtet davon, daß in Franecker, einer Stadt in Westfriesland, fünf- und sechsjährige Kinder Schlachten miteinander gespielt haben, wobei sie einem Jungen mit einem Messer die Gurgel aufschnitten. Allerdings werden die Kinder für ihre Tat nicht schuldig befunden, da ihre Handlung im Spiel zustande kam (AaTh 2401). Eine andere von den Grimms gesammelte Erzählung berichtet davon, daß Kinder beim Hausschlachten zugesehen haben. Später spielen sie das Schlachten nach, wobei das eine Kind den Bruder mit einem Messerstich in den Hals tötet. Die durch das Schreien des Kindes herbeigeeilte Mutter stößt bei dem Anblick vor Zorn das Messer in das Herz des anderen Kindes. Unterdessen ist ein weiteres Kind, welches sie gerade im Badezuber hatte, dort ertrunken, woraufhin sich die verzweifelte Mutter erhängt. Als der Vater nach Hause kommt, ist er so betrübt, daß er kurz darauf stirbt. Auch hier kommt, wie in der vorher beschriebenen Zeitungsmeldung aus Uslar von 1901, eine ganze Familie durch eine Verkettung von Unglücksfällen um.

58. Antiautoritäre Erziehung

In einem Supermarkt in Northeim war eine lange Warteschlange vor der Kasse. Hinter einer älteren Dame stand eine Mutter mit ihrem kleinen Sohn. Der Junge stieß der älteren Dame wiederholt den Einkaufswagen gegen die Beine. Die Frau bat schließlich die Mutter des Kindes, ihm dieses Verhalten zu verbieten, das täte ihr weh. Diese antwortete jedoch nur schnippisch: „Ich erziehe mein Kind antiautoritär. Wenn es Lust dazu hat, dann darf es das auch ruhig tun." Ein junger Mann, der hinter der Mutter in der Reihe wartete, nahm daraufhin ein Glas Honig aus seinem Wagen, öffnete es und goß den Inhalt der jungen Frau über den Kopf. Als sie sich empört umdrehte und schimpfte, antwortete er nur: „Ich hatte gerade Lust dazu!"

Diese Geschichte erzählte ein Bankangestellter aus Ratzeburg an seinem 33. Geburtstag im Oktober 1987. Er versicherte, er würde so etwas nicht erzählen, wenn ihm nicht sein Vater aus Northeim, der absolut vertrauenswürdig sei, davon berichtet hätte.

Zu dieser Geschichte gibt es zahlreiche Varianten, aus der Literatur ist sie bisher aber nicht bekannt. Sie kursiert auch erst seit wenigen Jahren, erschien jedoch schon mehrfach in der Presse. Insgesamt wurde diese moderne Sage viermal von Projektteilnehmern aufgezeichnet, zweimal wurde sie uns nach Rundfunk- und Zeitungsveröffentlichungen mitgeteilt, zweimal erschien sie in überregionalen Presseorganen („taz" vom 11. 11. 1987 und „baby" im Sommer 1988). Die wohl bekannteste Erzählerin ist die Schlagersängerin Nicole, die in der Apothekenzeitschrift „baby" unter dem Titel „Von antiautoritärer Erziehung halte ich nichts" eben diese moderne Sage erzählt.

Die Handlung ist bei allen Varianten ungefähr gleich. Einmal allerdings berichtet eine 35jährige Krankenschwester aus Göttingen, daß der junge Mann der Mutter eine Konservendose auf den Fuß fallen läßt. Das antiautoritär erzogene Kind ist zwischen drei und zehn Jahren alt, meistens aber noch „klein". Es traktiert entweder eine alte Dame oder einen alten Herrn. Der junge Mann ist zweimal Student und zweimal Punk. Mehrmals endet die Geschichte damit, daß jemand aus der Warteschlange sagt: „Junger Mann, das haben Sie gut gemacht. Den Honig bezahle ich." Dieser Vorfall soll sich zweimal in Northeim, einmal in Duderstadt, einmal in Nörten-Hardenberg, zweimal in Göttingen, einmal in Bielefeld und einmal in der Nähe von Nicoles Heimatort zugetragen haben. Die Geschichte wurde uns erstmals im Herbst 1987 erzählt, mehrfach dann im Sommer und im Herbst 1988.

Sagen über antiautoritäre Erziehung sind aber schon länger im Umlauf. Bereits Ende der siebziger Jahre wurde einer Projektteilnehmerin folgende Geschichte erzählt, die sie aus dem Gedächtnis aufzeichnete:

Hast du gehört, was K. neulich in der Straßenbahn erlebt hat? Da war ein Kind, das die Leute furchtbar aufgeregt hat: rumgeschrien, gestoßen und so. Als die Leute die Mutter gebeten haben, einzugreifen und dem Kind dieses Verhalten zu verbieten, meinte die Mutter nur, nein, dazu könne sie nichts sagen, das Kind sei antiautoritär erzogen. Einige Stationen später stand ein Jugendlicher auf und ging, bevor er ausstieg, auf die Mutter des Kindes zu, nahm seinen Kaugummi aus dem Mund und klebte ihn ihr an die Stirn – mit den Worten: „Damit Sie mal sehen, was später aus Ihrem Kind wird. Ich bin nämlich auch antiautoritär erzogen!"

59. Alkoholtest

Eine junge Frau war mit ihrer kleinen Tochter bei einer Freundin im Landkreis Kassel zum Geburtstagskaffee eingeladen. Es gab auch Bowle. Die Erwachsenen saßen zusammen, unterhielten sich und tranken Bowle und Likör. Die Kinder spielten etwas abseits allein. Auf einmal fing die Tochter der jungen Frau schrecklich an zu schreien und kriegte sich gar nicht mehr ein. Jetzt hatte aber die Mutter schon ein Glas Likör und zwei Gläser Bowle getrunken. Aber kein gutes Zureden und nichts half, sie mußte mit der

Kleinen nach Hause fahren. Unterwegs wurde sie prompt von einem Polizisten angehalten, der auch gleich den Alkohol roch. Sie erzählte ihm, was sie getrunken hatte. „Na ja", sagte er, „das tut mir ja schrecklich leid, aber da müssen Sie pusten." Das Röhrchen verfärbte sich natürlich, und als der Polizist ihr gerade erklärte, daß er da gar nichts machen könne und ihr erst einmal den Führerschein abnehmen müsse, fing die Kleine hinten im Auto auf einmal laut an zu schreien, sie wolle auch mal pusten. Der Polizist gab ihr also ein Röhrchen. Bei ihr verfärbte es sich aber auch. Da meinte er, daß dann wohl damit etwas nicht stimmen könne. Er ließ der Frau ihren Führerschein und riet noch, sie solle aber trotzdem sehr vorsichtig weiterfahren. Na ja, und als sie zu Hause angekommen war, rief kurze Zeit später die Freundin an und erzählte ihr ganz aufgeregt, die Kinder hätten die ganzen Früchte aus der Bowle gefischt und aufgegessen.

Erzählt wurde diese Geschichte der Mutter der Aufzeichnerin in Kassel im Januar 1989 von einer Nachbarin, die angab, daß dies einer Kollegin ihres Mannes passiert sei.

60. *Farbiges Kind*

Eine schwedische Frau erwartet ein Kind. Als es geboren wird, stellt sich heraus, daß das Kind farbig ist. Der Ehemann der Frau macht ihr heftigste Vorwürfe und unterstellt ihr Ehebruch mit einem Schwarzen. Die Frau streitet dies entschieden ab und behauptet, immer treu gewesen zu sein. Später stellt sich heraus, daß der Ehemann selbst schuld daran war. Er hatte nämlich ein Bordell besucht und mit einer Prostituierten verkehrt, die vorher mit einem Schwarzen zusammengewesen war. Später verkehrte der Ehemann nun mit seiner Frau. Dabei übertrug er den Samen des Schwarzen, den er bei der Prostituierten in sich aufgenommen hatte, auf seine Frau.

Quelle: Von Mitbewohnern des Studentendorfes Göttingen im Jahre 1986 gehört und nachträglich nach dem Gedächtnis aufgezeichnet.

So unwahrscheinlich diese Geschichte auch klingt, ist sie dennoch kein Einzelbeispiel, sondern Teil einer international verbreiteten modernen Erzählüberlieferung. Erste Varianten davon lassen sich seit ca. 1950 in den USA nachweisen. Neueste Aufzeichnungen stammen aus Schweden (Klintberg 1986, 27), Finnland (Virtanen 1987, 47f.) und Israel (Shenhar 1989, 73f.).

61. Das bekiffte Kind

Eine junge Studentin lebte mit ihrem vierjährigen Kind in einem Studentendorf. Einmal buk sie Plätzchen, die sie mit Haschisch versetzte. Nachdem die Plätzchen fertig waren, stellte sie das Backblech zum Abkühlen in den Aufenthaltsraum, in dem auch ihr kleiner Sohn spielte. Arglos ging die junge Mutter nun einkaufen. Als sie nach ca. zwei Stunden wiederkam, fand sie das Kind völlig bekifft auf dem Fußboden liegend vor. Der Kleine hatte die meisten Plätzchen gegessen und befand sich im Haschischrausch.

Diese Geschichte wurde 1987 in der Praxis eines Göttinger Arztes erzählt.

62. Die Rache des Hippies

Die Eltern eines Hippies in Detmold waren sehr unglücklich wegen der langen Haare ihres Sohnes. Der Vater hatte es so satt, daß er ihm eines Nachts im Schlaf die Haare abschnitt. Am nächsten Morgen war der Sohn sehr, sehr böse. Die Mutter nahm, um ein Zerwürfnis zwischen Vater und Sohn zu verhindern, die Schuld auf sich. Der Sohn sagte nichts dazu, erriet aber den wahren Schuldigen. Seine Rache war sehr wirkungsvoll: als der Vater am nächsten Morgen seinen Anzug anziehen wollte, waren jeweils ein Ärmel und ein Hosenbein abgeschnitten.

Quelle: Erzählung einer 36jährigen Göttinger Psychologin im Februar 1989, die die Story von Freunden der Eltern des Hippies gehört haben will. Die Erzählung hat ihren Ursprung in dem Generationenkonflikt, der in den 60er und 70er Jahren in zahlreichen Familien aufgebrochen ist. Eine interessante Parallele aus den 60er Jahren weist Simonides (1987, 271f.) für Polen nach. Dort hat die Geschichte allerdings eine dramatische Konfliktverschärfung erfahren: Der seiner Haarpracht Beraubte nimmt furchtbare Rache an seiner Mutter, indem er sie fesselt und ihr siedendes Wasser in die Kehle gießt, so daß sie unter schrecklichen Qualen stirbt. In weiteren polnischen Varianten wird berichtet, daß der Täter der Sohn eines Arztes ist, der mit dem Rettungswagen zum Tatort kommt, oder daß der Vater Staatsanwalt ist und für seinen eigenen Sohn die Todesstrafe beantragt. Simonides stellte für den Osten Europas einen hohen Bekanntheitsgrad dieser Erzählung fest. Westeuropäische Belege waren ihr nicht bekannt; der vorliegende Text ist wohl die erste in Westeuropa publizierte Fassung.

VI. Tiere

63. *Der Goldfisch beim Tierarzt*

Eine alleinstehende alte Frau hat einen Goldfisch im Glas und liebt ihn über alle Maßen. Täglich spricht sie mit ihm. Eines Tages erkrankt der Fisch; die besorgte Frau bringt ihn zum Tierarzt nach Obernjesa. Der Arzt versteht nicht viel von Fischen, sieht aber auf den ersten Blick, daß dem Tier nicht mehr zu helfen ist. Er behält den Fisch in der Praxis und schickt die alte Frau weg. Dann wirft er den mittlerweile toten Fisch ins Klosett und kauft für 3,– DM in der Zoohandlung einen neuen. Als die Frau den Fisch abholt, ist sie überglücklich. Der Arzt berechnet für seine Bemühungen lediglich die Unkosten von DM 3,–.

Quelle: Historiker, 30 Jahre, wohnhaft in dem Dorf im Landkreis Göttingen, in welchem die Geschichte spielt. Aufgezeichnet im Dezember 1988. Der Erzähler verbürgt sich dafür, daß die Sache tatsächlich so passiert ist.

64. *Katzenjammer*

Variante a

Eine Familie besitzt seit vielen, vielen Jahren eine Katze. Als sie umzieht, der Möbelwagen gepackt ist und abfahren will, ist die Katze nicht da. Alles wartet, doch der Möbeltransporter muß schließlich fahren, da es sich nicht länger aufschieben läßt. Die Familie hofft, daß sie die Katze irgendwie nachholen kann, und verläßt mit dem Möbelwagen ihren alten Wohnort.

Nach einer bestimmten Zeit ist die Katze immer noch nicht da. Die Familie versucht, das Tier am alten Wohnort zu suchen und abzuholen, aber es ist nicht auffindbar. Merkwürdigerweise miaut es vier Wochen später vor der neuen Wohnung der Leute, die weit über 100 Kilometer von der alten entfernt ist: vor der Tür steht ihre Katze.

Diese Geschichte wurde 1988 in Hameln an der Weser erzählt. Sie soll sich zwischen Hannoversch Münden und Hannover zugetragen haben.

Variante b
Treu bis ans Grab

Ein Hund begleitete jeden Tag seinen Herrn zum Dienst. Abends holte der Hund ihn von der Dienststelle wieder ab. Durch einen Arbeitsunfall verunglückte der Mann tödlich. Der Hund wartete vor dem Tor, aber der Herr kam nicht. Jeden Tag fand sich das Tier vor der Dienststelle ein, um seinen Herrn abzuholen. Erst nach über einem Monat war er plötzlich verschwunden und wurde später verhungert auf dem Grabe seines Herrn aufgefunden.

Diese Geschichte wurde 1987 von einer Hausfrau im Wartezimmer eines Uslarer Arztes erzählt. Die Geschichte klingt, wie viele andere auch, zunächst ganz plausibel. Hunde können sicherlich so abgerichtet werden, daß sie aus Gewohnheit an Orte, die sie mit dem Herrn immer wieder besucht haben, zurückkehren. Doch woher konnte der Hund wissen, wo sein Herr begraben liegt?

Eine Variante berichtet von einer Katze, die zu ihrer alten Familie zurückkommt. Sie wurde in ein 20 km entferntes Dorf an eine befreundete Familie verschenkt und kehrte nach drei Tagen zurück. Die Illustrierte „Freizeit-Revue" griff im August 1988 dieses Thema auf und berichtete mit angeblichen Beweisfotos von dem dramatischen Fall eines Katers, der zu seiner Familie zurückgekehrt sei. Das Tier wurde an Nachbarn verschenkt, die mit ihm vom französischen Tannay nach Stuttgart umzogen. Von dort aus soll das Tier in drei Jahren siebenhundert Kilometer zurückgelegt haben, um nach Hause zu finden.

Tatsache ist, daß Katzen „ortsgebunden" sind und häufig versuchen, an den früheren Aufenthaltsort zurückzugelangen – im Gegensatz zu Hunden, die an ihren Erstbesitzer anhänglich sind und diesem folgen. So berichtet Dale (1984, 43 f.) von zwei Fällen, in denen Hunde phantastische Strecken zurücklegen, um ihren Herrn wiederzufinden. Einer schifft sich zu diesem Zweck sogar von Amerika nach Japan ein. Von dem Helden der Fernsehserie „Lassie" wird ähnliches berichtet.

65. Die Fingerkuppe

Ein Mann hört während der Fahrt ein Klopfen auf seinem Autodach. Zu Hause bemerkt er eine Delle im Blech, darin liegt eine abgetrennte Fingerkuppe. Über seinen grausigen Fund wird in der Zeitung berichtet. Daraufhin meldet sich ein Mann, der sich beim Holzhacken ein Stück seines Fingers abgetrennt hat. Er berichtet, daß Vögel das Fingerglied aufgepickt hätten und damit weggeflogen seien.

Diese Geschichte teilte ein 27jähriger Doktorand bei einer Geburtstagsfeier im November 1988 in Göttingen mit. Er erzählte eine Zeitungsmeldung nach, die er sich ihrer Skurrilität wegen ausgeschnitten hatte.

66. Der indische Hund

Eine Freundin erzählte aufgeregt vom Bekannten eines Freundes, der mehrere Wochen in Indien gewesen war. Er hatte einen jungen herrenlosen Hund durch alle Kontrollen nach Hause schmuggeln können. Seine Perserkatze und der Hund hatten sich auf Anhieb verstanden. Aber als er nach ein paar Wochen abends nach Hause kam, war die Katze nicht zu finden. Konnte es sein, daß der Hund seine teure Katze gefressen hatte? Am nächsten Tag ging er mit dem Hund zum Tierarzt. Der sah sich das Tier an und meinte nach kurzer Zeit: „Das da ist kein Hund, sondern eine Riesenratte!"

Die Geschichte wurde 1986 in Göttingen innerhalb von vier Wochen zweimal von Studenten erzählt. In beiden Fällen soll sie sich im Bekanntenkreis der Studenten so abgespielt haben.

Hier liegt ein Musterbeispiel einer zeitgenössischen Erzählüberlieferung vor: Sie verarbeitet bestehende Ekelgefühle gegenüber einer Tierart (vgl. oben Nr. 55), die hier fälschlicherweise für ein Haustier gehalten wird. Das Gefährliche verbirgt sich in der Gestalt eines vermeintlich niedlichen, harmlosen Hundes. Der Tourismus in ferne Länder, so lehrt diese Erzählung, birgt seine Gefahren in sich, und dies gilt auch für die exotischen Souvenirs, die man möglicherweise von diesen Reisen mit nach Hause bringt. Die Reiseziele (Algerien, Marokko, Spanien, Korea, Mallorca, Thailand) sind austauschbar. Helmut Fischer (1985/86) hat 1986 innerhalb eines kurzen Zeitraumes im Rhein-Ruhrgebiet 25 mündliche Varianten dieser Rattengeschichte aufzeichnen können. Auch in den Vereinigten Staaten ist sie bekannt; dort wird der Rattenhund als „Mexican Pet" aus Mexiko mitgebracht. Brunvand hat seine dritte Sammlung von „Urban legends" (1986) nach dieser Sage benannt, der Text findet sich auf S. 21f. Klintberg (1986, 208f.) berichtet sie aus Schweden.

Der Stoff, aus dem diese moderne Sage geformt ist (Ratte für Hund gehalten), weist schon ein größeres Alter auf. Ein Beleg dafür findet sich in der Autobiographie der Schauspielerin Else Eckersberg: Diese volle Zeit ... Zwei vom Theater. Frankfurt a.M. 1958, S. 200ff. Darin erzählt die Schauspielerin Elsa Wagner in den 20er Jahren ihren Freunden in Berlin von einem Kindheitserlebnis. Ende des 19. Jahrhunderts machte eine Dame aus der „besseren Gesellschaft" von St. Petersburg ihrer Freundin einen kleinen Hund zum Geschenk. Dieser Hund war in einem Zeitungsinserat als „Zwerghündchen kanadischer Zucht, in Europa unbekannte Rasse, fast ausgestorben" angepriesen worden. Außerdem hieß es, daß diese Hunderasse früher am französischen Hof große Mode gewesen sei. Die Beschenkte war sehr erfreut über den Hund mit dem flauschigen Fell, bis er um sich zu beißen begann, den Diener verletzte und sich aus dem Fell befreite, in das er eingenäht worden war. Zum Vorschein kam eine gewöhnliche russische Landratte. (Für den Hinweis auf diesen Beleg danken wir Frau Lieselotte Krausser, Göttingen).

67. Nachbars Kaninchen

Zwei junge Leute aus Ehlen (bei Kassel) bekommen im Winter 1988 Besuch von einem befreundeten Paar. Die Gäste bringen einen großen, netten Hund mit. Im Laufe des Abends steigt die Stimmung. Die vier spielen Karten und trinken einige Gläser Wein. Den Hund haben sie nach draußen geschickt. Nach einigen Stunden taucht der Vierbeiner völlig verdreckt wieder auf. In der Schnauze hat er ein totes Kaninchen. Das Paar aus Ehlen erkennt sofort, daß es sich um ein Kaninchen ihres Nachbarn handelt. Nach dem ersten Schreck beschließen die vier, die schon recht angeheitert sind, den Hund und das Kaninchen erst einmal gründlich zu waschen. Das Kaninchen wird sogar noch trockengefönt. Dann schleichen die jungen Leute mit dem toten Kaninchen auf das Grundstück des Nachbarn und legen das Tier in den Stall zurück.

Am nächsten Tag trifft das Ehlener Paar auch gleich den Nachbarn, der den beiden aufgeregt berichtet, bei ihm habe sich etwas Seltsames zugetragen. Vor drei Tagen habe er ein Kaninchen, das ihm eingegangen sei, auf seinem Grundstück vergraben, und heute morgen habe das Tier doch völlig sauber, aber tot wieder in seinem Stall gelegen.

Erzählt wurde diese Geschichte von einer Göttinger Studentin im Januar 1989. Sie hatte sie von ihrem Mann gehört, der behauptet hatte, daß dies Freunden eines Kasseler Arbeitskollegen wirklich passiert sei.

Im Januar 1989, als diese Geschichte mündlich in Göttingen und Kassel verbreitet wurde, tauchten Varianten davon auch in der Presse auf. So wurde in der Frankfurter Rundschau (31. 1. 1989) eine ganz ähnliche Geschichte abgedruckt. Als Ort der Handlung war ebenfalls Nordhessen genannt. In diesem Fall war es ein Jagdhund, der das Kaninchen des Nachbarn ausbuddelte; der Hundebesitzer befand sich aber nicht in geselliger Runde, sondern mußte völlig allein mit dem Problem fertig werden.

Auch im Göttinger Tageblatt (28/29. 1. 1989) wurde eine Variante dieser modernen Sage veröffentlicht. In diesem Fall soll sich die Geschichte in Norddeutschland zugetragen haben, und das Kaninchen, das vom Hund ausgegraben wird, ist kein einfaches Tier, sondern ein preisgekrönter Landessuperbock.

68. Die würgende Dogge

Dem Afghanen einer meiner Mitarbeiterinnen war ein Hühnerknochen im Hals steckengeblieben, der Hund würgte fürchterlich, wir riefen den Tierarzt. Nach gelungener „Operation" – mit einem Griff war der Knochen entfernt – erzählte uns der Tierarzt, daß ein Kollege auch einmal gerufen wurde, als eine würgende Dogge zu ersticken drohte. Der Arzt habe in die Kehle gegriffen – und einen menschlichen Finger in der Hand gehalten. Die Besitzerin der Dogge war schockiert. Sie sei, erzählte sie, gerade vom Büro nach Hause gekommen, als sie ihren Hund in eben diesem Zustand vorgefunden hätte. Bei genauerem Hinsehen bemerkten Tierarzt und Hundebesitzerin noch Blutspuren auf dem Teppichboden. Der Tierarzt rief seinen Kollegen an, den Arzt des Dorfes. Der bestätigte, er habe gerade einen Patienten gehabt, dem ein Hund angeblich auf der Straße den Finger abgebissen hätte. Später gestand dieser Mann, daß er in das Haus der Hundebesitzerin eingebrochen sei und dort von ihrem Hund „in flagranti" erwischt wurde.

Quelle: Tierarzt in Possenhofen bei Starnberg, August 1988.
Diese moderne Sage ist ein weiterer Klassiker unter den „urban legends". Sie lieferte den Titel zu Brunvands zweiter Sammlung „The Choking Doberman" (1984).
Auffallend an einer Reihe ähnlicher Geschichten aus dem angloamerikanischen Sprachraum ist, daß es sich bei den kauenden „Tätern" fast immer um klassische deutsche Hunde handelt – um deutsche Schäferhunde, Dobermänner oder Doggen. „Die Geschichte von einem Hund – gewöhnlich einem Dobermann –, der Finger kaute, die er einem Eindringling abgebissen hat, entpuppte sich als

schönes Beispiel einer ‚neuen' modernen Sage, die sich schnell im ganzen Land verbreitet, während ihre scheinbare Neuheit nur dünn sehr viel ältere folkloristische Elemente verdeckt", kommentiert Brunvand (1984, 6f.). Während er die älteste, schriftlich fixierte „Choking Doberman"-Geschichte in den USA auf 1981 datieren konnte, fand er heraus, daß sie schon Anfang der 70er Jahre in England kursierte. Er deutete sie als Vermengung diverser traditioneller Motive, so der „verletzten Finger" (siehe auch: Finger in der Autotür, Nr. 7), des „verletzten Einbrechers" und des „tapferen Hundes". Wie sich über die Grenzen hinweg die Geschichten gleichen, beweist eine von Brunvand (1984, 3f.) zitierte Meldung aus dem amerikanischen „Woman's World"-Magazin vom 20. April 1982:

„Ein erschreckendes Erlebnis hatte eine berufstätige Frau. Als sie eines Nachmittags nach Hause kam, würgte ihr deutscher Schäferhund, drohte zu ersticken. Schnell fuhr sie den Hund zum Tierarzt, eilte dann wieder nach Hause, weil sie noch eine Verabredung hatte. Als sie zur Tür hereinkam, klingelte das Telefon. Es war ihr Tierarzt, der ihr mitteilte, daß er zwei menschliche Finger aus dem Rachen des Hundes geholt hätte. Die Polizei kam ins Haus und fand eine Blutspur, die zu ihrem Schlafzimmerschrank führte, in dem sie einen jungen Einbrecher fand, der den Verlust seines Daumens und Zeigefingers bejammerte."

Auch Smith (1983, 90) und Dale (1984, 52) konnten die Sage vom „kauenden Dobermann" in England nachweisen. Dale bezeichnet sie als Surrogat einer ebenfalls weitverbreiteten Variante, in der der Dobermann das Genital des in flagranti ertappten Liebhabers einer Ehefrau kaut. Smith (1983, 96) erblickt in ihr den „Ausdruck heutiger Ängste, wie der Angst vor Diebstahl und Gewalt". Dennoch sieht auch er hier sehr viel ältere Elemente verarbeitet, so die der walisischen Sage von „Gellert", einem Hund, der ein Kind vor einer Schlange rettete. Als der Vater des Kindes heimkam und die blutüberströmte Schnauze des Hundes sah, dachte er, dieser hätte das Kind gefressen. Er erschlug das Tier, um darauf zu entdecken, daß das Kind wohlauf war, während vor seiner Wiege eine totgebissene Schlange lag. Diese Sage ist seit 1485 nachgewiesen.

VII. Haus und Wohnung

69. *Der Teppichverleger*

Eine ältere Dame aus Kassel will sich ihr Wohnzimmer mit einem neuen Teppichboden auslegen lassen. Sie findet die passende Auslegware in einem bekannten Kasseler Teppichgeschäft, das auch das Verlegen des Teppichbodens organisiert. Weil es sich anscheinend um einen einfachen Auftrag handelt, entschließt man sich in dem Teppichgeschäft, einen Berufsanfänger mit dem Auslegen zu beauftragen. Der junge Mann erscheint auch pünktlich bei der Kundin und beginnt recht umständlich damit, das Wohnzimmer mit dem neuen Boden auszulegen. Doch immer wieder schlägt die Auslegware Falten, dann vergißt der Mann sein Messer unter dem Teppich. Er reißt alles noch einmal ab und beginnt von neuem mit der Arbeit. Endlich, nach Stunden, ist der Teppichboden verlegt. Der Handwerker ist erleichtert und will seine Sachen zusammenpacken, als er doch wieder eine große Falte im Teppichboden entdeckt. Der junge Mann nimmt ein Brett und schlägt so lange auf die Falte ein, bis diese sich fast gleichmäßig verteilt hat. Er will nun endlich gehen, als die Kundin verstört im Wohnzimmer erscheint und dem Mann mitteilt, daß sie ihren Rehpinscher überall in der Wohnung vergeblich gesucht habe. Der neugierige Hund habe sich wohl ins Wohnzimmer geschlichen. Doch auch hier gibt es keine Spur von dem Tier. Der Teppichverleger aber hat es sehr, sehr eilig, die Wohnung der alten Dame zu verlassen.

Erzählt wurde diese Geschichte im Sommer 1986 von einem Kasseler Malermeister, der die Wohnung der Aufzeichnerin renovierte. Der Mann gab an, diese Erzählung von einem Kollegen gehört zu haben. Er selbst aber glaube nicht, daß es sich hierbei um eine wahre Begebenheit handele.

Diese moderne Sage ist in den USA, aber auch in Westeuropa bekannt. Außer kleinen Hunden finden in Varianten der Erzählung auch Hamster, Meerschweinchen, Mäuse und Kanarienvögel unter neu verlegten Teppichböden angeblich den Tod. In Schweden wurde die Geschichte 1980 im Fernsehen ausgestrahlt. In den USA tauchen Varianten der Erzählung in der mündlichen Überlieferung bereits seit 1955 auf.

Brunvand sieht Parallelen zwischen den Haustieren dieser modernen Sagen und Comic-Figuren wie Tom und Jerry, die ja nicht nur in den USA, sondern auch in Europa bekannt und beliebt sind. In den Comic-Geschichten wie in der modernen Sage wird oft achtlos von Menschen auf Haustiere eingeschlagen.

Varianten zu dieser Erzählung sind nachgewiesen bei Brunvand (1984, 93–95), Klintberg (1986, 82f.) und Virtanen (1987, 134) sowie bei Ethel Portnoy: Broodje Aap. Amsterdam 1980, 34 und 159.

70. Die Spinne in der Yucca-Palme

Variante a

Die Schwester einer Bekannten aus Kassel hatte eine Yucca-Palme geschenkt bekommen. Nach einiger Zeit bemerkte sie beim Gießen ein Quietschen, das aus dem Blumentopf zu kommen schien. Mit der Zeit kam ihr das Ganze etwas unheimlich vor. Deshalb rief sie die Hessische Landesversuchsanstalt an. Die Mitarbeiter dort meinten, sie solle die Pflanze nicht mehr anrühren, sie kämen vorbei. Kurze Zeit später erschienen zwei Mitarbeiter in Schutzanzügen und nahmen die Pflanze mit. Am gleichen Nachmittag riefen sie die Frau an und teilten ihr mit, daß sie noch einmal Glück gehabt hätte, denn in dem Topf der Yucca-Palme habe sich eine ganze Tarantelfamilie eingenistet.

Erzählt wurde diese Geschichte der Mutter der Aufzeichnerin im Herbst 1987 in Kassel.

Variante b

Eine Frau hatte eine Yucca-Palme geschenkt bekommen. Daß die Pflanze beim Gießen eigenartige Geräusche von sich gegeben hat, ist ihr zwar aufgefallen, sie hat sich aber nichts weiter dabei gedacht. Auf einmal nachts hört sie ein komisches lautes Rasseln. Als sie nachschaut, sieht sie, wie eine ganze Familie von Skorpionen aus dem Topf der Yucca-Palme herauskrabbelt und dieses rasselnde Geräusch verursacht. Fluchtartig verläßt sie mit ihrer Familie das Haus und alarmiert irgendwie die Feuerwehr. Auf jeden Fall kommt dann so eine Art Kammerjäger, der die Skorpione alle umgebracht hat, so daß die Familie wieder in ihr Haus zurückkonnte.

Erzählt wurde diese Geschichte von der Schwester der Aufzeichnerin im Februar 1989. Sie selbst hatte sie Anfang der 80er Jahre mehrfach von Bekannten aus dem Landkreis Kassel gehört.

Varianten der Geschichte nennen neben der Yucca-Palme noch die Madagaskar-Palme. Beim Gießen der Pflanze entstehen klopfende, quiekende oder schmatzende Geräusche. In einigen Fällen sucht die ratlose Pflanzenbesitzerin bei einer anerkannten Institution Hilfe (z.B. beim Tropeninstitut in Hamburg). Dort wird ihre Sorge sofort ernstgenommen, und es werden einige Mitarbeiter in Schutzanzügen losgeschickt, die in der Palme eine Art Spinnennest entdecken. In einem anderen Fall beobachtet eine Frau, wie die Spinnen aus dem Topf kriechen. Einige von ihnen greifen sogar an und beißen sie.

In Schweden wurde die Geschichte im Sommer 1984 aufgezeichnet (Klintberg 1986, 203). Dort entstehen beim Gießen der Yucca-Palme keine Geräusche, es bilden sich statt dessen kleine Erdhügelchen. Männer aus dem Geschäft, in dem die Palmen verkauft werden, untersuchen die Pflanze und finden das Nest einer giftigen Tarantel. Daneben gibt Klintberg (1985, 281ff.) zwei weitere Beispiele für Varianten an. In der ersten Version bricht der Stamm der Palme knallend entzwei, und die Spinnen werden sichtbar. Beim Gießen der Pflanze setzt sich in der zweiten Version der ganze Topf von selbst in Bewegung.

In England ist die Geschichte im Frühjahr 1984 in einer Zeitungsmeldung erschienen (Brunvand 1986, 83f.). Dort beschwerten sich Käufer in Zeitungsberichten oder Briefen bei der Firma, die die Palmen verkauft hatte. In jedem Fall, den die Firma nachprüft, stellt sich heraus, daß es keine Spinne in der Palme gegeben hat. Die Geschichten, die den Zeitungen erzählt wurden, glichen der schwedischen Version. Beim Gießen sind Geräusche zu hören, die die Käufer beunruhigen, so daß sie beim Händler um Hilfe bitten. Mitarbeiter des Händlers kommen sofort und nehmen die Palme mit. Literatur: Lindemann/Zons 1989.

71. Wasserflecken an der Decke

Ein junger Mann bewohnt eine kleine Wohnung im Erdgeschoß eines Mietshauses in Göttingen. Eines Tages entdeckt er feuchte Stellen an der Decke seines Schlafzimmers. Entschlossen, diese Sache ohne viel Aufhebens zu regeln, geht er zum Mieter im ersten Stock, um die Ursache der Wasserflecken herauszubekommen. Dieser aber weist ihn schon an der Wohnungstür ab und erklärt ihm barsch, daß bei ihm alles in bester Ordnung sei.

Der junge Mann ist zunächst unsicher, wie er sich weiter verhalten soll. Als aber in den nächsten Tagen die Wasserflecken größer werden, unterrichtet er den Besitzer des Hauses, mit der Bitte, sich um die Angelegenheit zu kümmern. Der Vermieter beschließt, eine Wohnungsbesichtigung durchzuführen. Auch er wird von dem Mieter unfreundlich behandelt, läßt sich aber nicht abweisen und betritt die Wohnung. Schon im Flur schlägt ihm ein strenger Geruch entgegen. Zielstrebig geht er auf die Schlafzimmertür zu, öffnet diese und traut seinen Augen kaum: Auf frisch eingesätem Rasen tummeln sich ein paar Hühner und scharren in der Erde, die hier statt des Teppichbodens zu finden ist.

Erzählt wurde der Aufzeichnerin die Geschichte von einer Freundin ihrer Mutter während einer Familienfeier im August 1988 in Göttingen. Diese Freundin behauptete, den jungen Mann aus dem

Erdgeschoß zu kennen, wollte aber seinen Namen nicht preisgeben.

Für diese Geschichte findet sich noch kein weiterer Beleg in der Literatur. Unseren mündlichen Informationen zufolge kursierte das Thema jedoch bereits in den Nachkriegsjahren.

Ein Gerücht aus den 70er Jahren besagt, daß sich ein bekannter deutscher Schlagersänger in seiner Berliner Wohnung eine Zeitlang Hühner gehalten habe, um sich in der Großstadt ein ländliches Ambiente zu schaffen.

Die Wochenzeitung DIE ZEIT berichtete am 3. März 1989 aus Ost-Berlin: In der zweiten Etage einer Altbauwohnung tropfte es von der Decke. Die Frau holte den Hauswart, und beide klingelten in der Wohnung ein Stockwerk höher. Niemand öffnete. Die Polizei, herbeigerufen, brach die Tür auf. Im Zimmer wuchs saftig grünes Gras, und mittendrin stand ein Sarg – als Schlafstatt eines Grufties!

72. Geräusche auf dem Dachboden

Ein junges Ehepaar aus der Stadt kauft sich auf dem Land in der Eifel ein altes Haus. Eines Nachts wacht die Frau auf, weil sie auf dem Dachboden seltsame Geräusche hört. Sie erzählt es ihrem Mann, der ihr sagt, daß es sich um Tiere handele. Weil sich die Geräusche jede Nacht wiederholen, ist sie zwar beunruhigt, aber sie gewöhnt sich mit der Zeit daran. Erst als die nächtlichen Geräusche ausbleiben, traut sich die Frau, den Dachboden zu betreten. Sie erschrickt fürchterlich, weil sie feststellt, daß die Geräusche nicht von Tieren, sondern von Menschen hervorgerufen worden waren: Sie findet nämlich Essensreste, Zigarettenstummel und ein unverschlossenes Dachfenster vor.

Erzählt wurde der Aufzeichnerin die Geschichte von einer Freundin im Januar 1989 in Göttingen.

73. Die trojanische Couch

Als ich vorige Woche mit meinen Schulfreundinnen Kaffeeklatsch hatte, sprachen wir auch über Einbrüche. Da erzählte eine, die aus Hameln kommt, was sie von ihrer Nachbarin gehört hatte; die wußte es wiederum von einer Bekannten. Eben diese Bekannte hatte für ihre Nachbarn, die verreist waren, das Haus gehütet, hatte also die Schlüssel. Am Tag, bevor sie wiederkamen, klingelte es bei ihr, zwei Männer standen an der Tür und sagten: „Sie haben doch den Schlüssel von Frau Sowieso, wir haben eine Couch abzuliefern. Würden Sie uns wohl aufschließen?" Die Nachbarin war gleich dazu bereit. Die Männer stellten die Couch ins Haus, verabschiedeten sich, und sie schloß wieder zu. Als die Hausbesitzer am nächsten Tag aus den Ferien wiederkamen, war das Haus leergeräumt: in der Schlafcouch hatte sich nämlich ein Mann versteckt und über Nacht alle Teppiche aufgerollt.

Diese moderne Sage wurde der Aufzeichnerin im Februar 1989 von ihrer Mutter erzählt.
  Bei Smith (1986, 25) finden sich zwei ähnliche Geschichten, die betonen, daß man gut daran tut, auf sein Eigentum zu achten. Eine zu Beginn der 80er Jahre in Rußland kursierende und von Smith nachgewiesene Variante beschreibt, daß sich die Diebe im Kleiderschrank einer kompletten Schlafzimmereinrichtung versteckten. In einem anderen Fall aus England glaubt eine Frau, daß sie die Teppiche der Nachbarn zur Reinigung gibt, und läßt ihre eigenen, um die vermeintliche Gelegenheit zu nutzen, gleich mitnehmen – ohne sie jemals wiederzubekommen.

74. Einbrecher mit Herz

In Friedberg, Hessen, drangen Einbrecher in eine Villa ein, in der sich eine neunzigjährige Frau, die auch noch bettlägerig war, allein aufhielt. Nachdem die Gangster im ganzen

Haus weder Bargeld noch Schmuck gefunden hatten, legten sie der alten Frau aus Mitleid 20,- DM auf den Nachttisch und verschwanden.

Diese Geschichte wurde der Aufzeichnerin im Herbst 1988 von ihrer Mutter in Köln erzählt. Die Mutter hatte sie von einer Freundin, die zu der Zeit ihren Urlaub in der Nähe von Friedberg verbracht hatte.

75. Antiquitäten aus Dänemark

Die Freunde unserer Verwandten in einem Vorort von Göttingen verbrachten ihren Osterurlaub 1988 in Dänemark und erzählten nach ihrer Rückkehr eine merkwürdige Geschichte. Das Ehepaar sammelt Antiquitäten und fuhr nach Dänemark, weil man dort sehr gut alte Möbel kaufen kann. In Århus gingen sie am Sonnabend vor Ostern in ein Antiquitätengeschäft und betrachteten sich die ausgestellten Stücke im Verkaufsraum. Da ihnen aber nichts davon besonders gefiel, fragten sie den Ladeninhaber, ob er darüber hinaus noch weitere Sachen anzubieten hätte. Daraufhin holte er ein Fotoalbum und legte es ihnen zur Ansicht vor. Die Frau blätterte es durch, und plötzlich stutzte sie: Da war ein Farbfoto ihres eigenen Sekretärs eingeklebt, genau mit allen Einzelheiten der Ausstattung wie zu Hause im Wohnzimmer. Sie traute ihren Augen nicht und holte ihren Mann. Dem fiel zunächst nichts auf, doch plötzlich gingen auch ihm die Augen auf. Gemeinsam gingen sie mit dem Fotoalbum zu dem Ladeninhaber und fragten ihn, ob er ihnen dieses Stück beschaffen könne. Gewiß, war seine Antwort, jedoch bei Spezialaufträgen dieser Art müsse man mit einer Lieferfrist von sechs Wochen rechnen!

Anscheinend handelt es sich hier um eine neue Erzählung, da sie bisher in den internationalen Sammlungen nicht aufgetaucht ist. Den Beweis dafür, daß es sich tatsächlich um eine moderne Sage handelt, lieferte uns eine Zuschrift aus Berlin, in der die Geschichte folgende Gestalt hat: Eine Frau entdeckt in einem Antiquitätenladen eine alte Uhr, die ihr zuvor gestohlen worden war. Sie fragt den Antiquitätenhändler nach einem anderen in ihrem Besitz befindlichen Kunstwerk und bittet, es ihr zu besorgen. Der Händler nennt eine Lieferzeit von zwei Wochen. Die Frau läßt daraufhin ihr Haus von der Polizei überwachen, die tatsächlich wenige Tage später einen Einbrecher festnehmen kann, der das Kunstwerk auf Bestellung des Händlers stehlen sollte.

76. Der elektrische Briefkasten

Ein Ehepaar aus Northeim ärgerte sich sehr über Betrunkene, die regelmäßig nach dem Verlassen der Kneipe nebenan in ihren Briefkasten pinkelten. Da das Paar die Übeltäter nie erwischte, wollte es ihnen eine Lehre erteilen. Durch den Briefkasten wurde ein Draht gezogen und dieser unter Strom gesetzt. Gleich in der ersten Nacht wurden die beiden von einem fürchterlichen Geheul geweckt, aber sie sahen niemand mehr. In dieser Nacht wurde der Briefkasten zum letzten Mal naß.

Diese Geschichte wurde der Aufzeichnerin im Februar 1987 beim Kaffeetrinken von der Frau (24jährige Studentin) des Mannes erzählt, der angeblich den Draht gespannt und unter Strom gesetzt hatte.

77. Kostbarer Sperrmüll

Eine einfache Frau hatte von einem ihr unbekannten Verwandten eine große Villa in Hannover und sehr viel Geld geerbt. Die Einrichtung des Hauses gefiel ihr jedoch nicht. Deshalb rief sie bei der Müllabfuhr an und bestellte einen LKW, um den „Plunder" abholen zu lassen. Den Müllmännern, die durch ihre langjährige Arbeit gelernt hatten, Wertvolles von Tand zu unterscheiden, fielen fast „die Augen aus dem Kopf". Vorsichtig hoben sie eine Kiste mit Meißner

Porzellan ins Führerhaus des LKW und luden gut erhaltene antike Möbel auf die Ladefläche. Danach fuhren sie statt zur Deponie zum nächsten Antiquitätenhändler. Jeder der vier Müllmänner konnte sich über etliche tausend Mark Zubrot freuen.

Dieser Vorfall soll sich vor etwa fünfzehn Jahren in Hannover ereignet haben. Der Vater der Aufzeichnerin erzählte davon bei einem Besuch in Göttingen im Februar 1989.

Der Text steht in der Tradition zahlreicher Flohmarkt- und Sperrmüllerzählungen. So soll z.B. jemand auf dem Sperrmüll einen echten Picasso gefunden bzw. auf dem Flohmarkt Kostbarkeiten für wenig Geld erworben haben. Der historische Hintergrund dieser Geschichten ist die Tatsache, daß in den 50er und 60er Jahren sehr viele Dinge weggeworfen oder vernichtet wurden, die heute als wertvoll angesehen werden.

VIII. Arbeit und Technik

78. Die Hand in der Häckselmaschine

Diese Geschichte hat mir ein Freund berichtet, der sich auch dafür verbürgt hat, daß sie wahr ist; dieselbe Geschichte habe ich auch noch einmal in der Diskothek von Leuten gehört, die ich nicht kannte. Sie handelt davon, daß ein Mann sich die rechte Hand abgeschlagen hat, sich also selbst verstümmelt hat, um die Versicherung zu betrügen. Er hat die Hand in eine Häckselmaschine geworfen und behauptet, es hätte sich um einen Arbeitsunfall gehandelt, um dann die hohe Versicherungsprämie zu kassieren. Die Versicherung – da es sich um eine recht hohe Summe handelte – hat den Fall überprüft und festgestellt, daß die Hand glatt abgetrennt wurde durch einen Schlag. Wenn man dagegen mit der Hand in eine Häckselmaschine gerät, kann das nicht passieren. Sie hat also den Betrug entlarvt und daraufhin nicht bezahlt.

Mündlich von einem Göttinger Studenten, 25 Jahre, bei einem Lokaltermin zum Erzählen moderner Sagen in der Kneipe, November 1988.

79. Der Pudel in der Mikrowelle

Die Leute, denen die Geschichte in Bad Gandersheim passiert ist, hatten zwei Kinder, die noch ziemlich klein waren. Die Eltern gingen weg und hatten den Kindern vorher extra verboten, den Pudel rauszulassen, weil er noch jung und klein war. Sie hatten Angst, daß dem Hund etwas passieren könnte. Die Kinder spielten trotzdem draußen mit dem Hund. Es war Matschwetter. Der Hund wurde total drekkig. Deshalb haben die Kinder ihn abgeduscht. Er war dann pitschnaß. Sie hatten nun Angst, daß die Eltern das merken würden, und steckten den Pudel in die Mikrowelle zum Trocknen. Der Hund war tot und die Mikrowelle kaputt.

Diese Geschichte erzählte eine Freundin der Aufzeichnerin aus Bad Gandersheim im Dezember 1988, die sie von einer Arbeitskollegin gehört hatte; deren Schwägerin wiederum hatte die Begebenheit von einer Frau gehört, die angeblich die Leute kannte, denen es passiert war.

80. *Trockner für die Katz'*

Ich habe von einem Freund, der vor kurzem in Amerika war, eine lustige Geschichte über Mikrowellenherde gehört. Eine Frau wollte ihre ins Waschbecken gefallene Katze im Mikrowellenherd trocknen, da sie dachte, so ginge es am schnellsten. Das überlebte das Tier natürlich nicht. Daraufhin verklagte die Katzenbesitzerin die Herstellerfirma des Gerätes und verlangte Schadenersatz. Nach einer Grundsatzentscheidung des amerikanischen Gerichts muß nun auf jeder Bedienungsanleitung der Zusatz stehen: Nicht geeignet zum Trocknen von Hunden und Katzen.

Ein Student erzählte diese Geschichte im Juli 1988 zu später Stunde in einer Kneipe in Kiel, als man in größerer Runde beisammen saß und über Probleme der Technik sprach.

Diese Erzählung fand bald nach der Einführung der Mikrowellenherde zunächst in den USA Verbreitung und ist seit den 70er Jahren auch in Europa bekannt. Eine Vorform zu den modernen Mikrowellenerzählungen stellen frühere Versionen dar, in denen Kinder und Tiere durch unglückliche Umstände im Holzofen oder Herd verbrennen. In allen klassischen Sammlungen moderner Sagen ist der „Pudel in der Mikrowelle" vertreten: Brunvand (1981, 56–58), Smith (1983, 65), Dale (1984, 46), Klintberg (1986, 221), Virtanen (1987, 130). In manchen Fällen ist auch von einer weiteren Gefahr des Mikrowellenherdes die Rede: In einer Hotelküche sei ein Koch plötzlich tot umgefallen. Als Grund stellte sich heraus: er hatte sich vor dem geöffneten Mikrowellenherd hin- und herbewegt und seine Nieren dabei gar gekocht.

81. Gleiche Wellenlänge

Ein Mann kommt in die psychiatrische Klinik und behauptet, er höre seit längerer Zeit Stimmen, Musik und alle möglichen Geräusche. Eine intensive Untersuchung zeigt keinerlei krankhaften Befund. Der Mann scheint völlig normal zu sein, er zeigt auch keine geistigen Ausfälle. Trotz allem scheint das Phänomen, daß er Stimmen und Geräusche hört, vorhanden zu sein. Dennoch wird er nach kurzer Beobachtung nach Hause geschickt.

Nach einer Woche meldet er sich wieder in der Klinik. Er sagt, das Leben sei fürchterlich für ihn, er könne weder arbeiten noch schlafen, er höre ununterbrochen Stimmen und Musik. Das sei für ihn eine solche Belastung, daß er so nicht mehr leben wolle.

Da wird er stationär aufgenommen und wieder untersucht. Auch diesmal ohne Befund. Zuletzt fragt ihn der Arzt, was er denn zur Zeit höre. Der Patient beschreibt es genau. Nun stellt der Arzt verblüfft fest, daß es das gleiche ist, was gerade im Hintergrund im Radio läuft. Der Sache wird nachgegangen und als Ursache festgestellt, daß eine Plombe im Zahn des Patienten einen Gleichrichtungseffekt hervorgerufen hat, der den Mann in die Lage versetzt, Rundfunkwellen direkt über den Zahnnerv zu empfangen.

Diese Geschichte ist 1982 in einem Göttinger Forschungsinstitut erzählt worden.
Eine schwedische Variante zu dieser Sage hat Klintberg (1986, 29) abgedruckt und seinerseits auf Parallelen in den Niederlanden, den USA und Kanada hingewiesen. Eine Variante soll auch in einem englischen Sprachlehrbuch gestanden haben; allerdings konnten wir diese Quelle bisher nicht ausfindig machen.

82. Porno im Hochhaus

Ein junges Ehepaar, das in einem Hochhaus mit Gemeinschaftsantenne in Berlin wohnte, wollte sein Eheleben attraktiver gestalten. Es installierte eine Videokamera im Schlafzimmer. Als es am nächsten Abend gegen 23 Uhr das Fernsehen einschaltete, sah es zu seinem Entsetzen den in der vorigen Nacht von ihm selbst aufgenommenen Film im Dritten Programm.

Diese Geschichte wurde von einer Studentin im Herbst 1988 in Göttingen auf einer Fete erzählt. In ihr kommt die Angst vieler Menschen zum Ausdruck, die Technik, mit der sie täglich umgehen, nicht unter Kontrolle zu haben.

83. Im Kühlwagen

Ein Bahnarbeiter hat mit seinen Kollegen auf dem Güterbahnhof in Kassel zu tun. Kurz vor Feierabend schaut er aus reiner Neugierde in einen Güterwaggon und klettert auch hinein. Als er drinnen ist, schließt sich plötzlich die Tür, er hört noch, wie von außen der Riegel zuschnappt. Auf der Suche nach einem anderen Ausweg merkt er erst, daß er in einem Kühlwagen ist. Schreiend und rufend versucht er auf sich aufmerksam zu machen, aber vergebens, alle sind schon gegangen. In seinen Taschen findet er Block und Bleistift; in der Gewißheit, daß ihn in den nächsten 14 Stunden sowieso niemand finden wird, überlegt er sich, den langsamen Erfrierungsprozeß, der ja nun eintreten muß, aufzuschreiben. Und so notiert er nach zwei Stunden, daß seine Füße zu Eis werden, daß er zu zittern beginnt, und so weiter... Schließlich ist er ja überzeugt, daß er die Nacht im Kühlwagen nicht überleben wird, und will seine Erfahrungen in den letzten Stunden der Nachwelt mitteilen. Als er am nächsten Morgen gefunden wird, ist er tatsächlich tot. Um ihn herum liegen lauter kleine Zettel mit der jeweiligen Uhrzeit und einer

Beschreibung seines Zustandes. Doch als die Kollegen den Kühlwaggon näher untersuchen, merken sie, daß das Kühlaggregat über Nacht gar nicht angestellt war.

Diese Geschichte wurde der Aufzeichnerin im Verlauf eines Grillabends im Juni 1988 von einem Medizinstudenten (23 Jahre) erzählt. Die gleiche Geschichte sowie eine Variante sind ebenfalls aus Göttingen bekannt. In letzterer sperrt sich ein Schiffskoch aus Versehen in den Kühlraum des Schiffes ein. Der Ausgang ist genauso wie in der oben genannten Erzählung, allerdings hält der Koch seine Erlebnisse nicht schriftlich fest.

Auch in Amerika erzählt man sich die Geschichte in der oben wiedergegebenen Form. In einem Begleitheft zu Bhagwan-Seminaren über positives Denken ist diese Geschichte als Negativbeispiel aufgeführt. Die bei Brunvand (1984, 71f.) angegebenen Beispiele enden aber nicht tödlich. Hier ist der Kühlschrank tatsächlich in Betrieb, und der Halberfrorene kann noch rechtzeitig gerettet und in ein Krankenhaus gebracht werden.

84. Gefährliche Ernte

Jedes Jahr zur Erntezeit wird im Raum Vechta erzählt, daß zwei kleine Kinder in einem Maisfeld gespielt hatten, das gerade gedroschen wurde. Plötzlich sah der Fahrer nur noch, daß die beiden Kinder im Einzug seines Maisdreschers verschwanden. Der Mann nahm sich daraufhin das Leben.

Erzählt im Sommer 1988 von einem Landwirt (34 Jahre), der dort in der Gegend arbeitet. Er fügt auch noch eine Variante hinzu, in deren Verlauf die Kinder im Innenraum einer abgestellten Häckselmaschine spielen. Ein Mann, der dies nicht bemerkt hat, stellt die Maschine an. Anschließend bringt er sich ebenfalls um. Der Erzähler berichtet, diese Geschichte kursiere jedes Jahr erneut, obwohl man mittlerweile sogar in der Zeitung lesen konnte, daß sie nicht wahr sei.

85. Potenzsteigerung durch Strom

Ein älterer Mann hatte am Stammtisch gehört, durch einen kurzen Stromstoß könne man die Potenz steigern. Der Gedanke reizte ihn sehr, und er überlegte einige Tage, ob er es wagen solle. Bei der nächsten Stammtischrunde erzählte er seinen Freunden, daß er einen Versuch wagen wolle und versprach, über das Ergebnis ausführlich zu berichten. Nachdem er sich genug Mut angetrunken hatte, machte er sich, versehen mit zahlreichen guten Wünschen und auch einigen spöttischen Bemerkungen, auf den Heimweg.

Seine Freunde sahen ihn nicht wieder. Zwei Tage später lasen sie in der Zeitung von einem tödlichen Stromunfall, den ein älterer Mann beim Hantieren mit einer defekten Nachttischlampe erlitten hatte.

Dieses war vor etwa zehn Jahren ungefähr eine Woche lang in allen Konstanzer Kneipen das Hauptthema der Gespräche am Tresen. Dort hat auch die Aufzeichnerin davon gehört.

86. Arbeit geht vor

Das ist die Geschichte von dem cleveren Bauern, der im Lotto gewonnen hat. Und zwar nicht mehr und nicht weniger als 3,6 Millionen Mark. Die Abgesandten der Lottogesellschaft kommen zu dem Bauernhof, um ihm das Geld zu überbringen. Aber der Bauer ist nicht zu Hause, er ist mit dem Traktor auf dem Feld, um Rüben zu ernten. Seine Frau sagt zu den beiden Männern: „Gut, ich werde ihn mal kurz über CD-Funk anrufen und ihm die Botschaft mitteilen." Als er die frohe Kunde hört, daß er stolzer Besitzer von 3,6 Millionen DM ist, antwortet er: „Schön und gut. Aber heute kann ich meine Rüben nicht im Stich lassen. Sie sollen morgen wiederkommen."

Am nächsten Tag ist der Mann zwar zu Hause, aber mitten in der Arbeit. Als ihm die beiden Herren das Geld überreichen wollen, lehnt er abermals ab: Die Rüben hätten Vorrang. Sie sollten ihm das Geld auf sein Konto überweisen. Die beiden Abgesandten protestieren und machen ihn darauf aufmerksam, daß er durch diese Verzögerung jede Menge Zinsen verlieren würde. Darauf der Bauer: „Das ist mir egal. Ob ich jetzt 350000,– oder 360000,– jährliche Zinsen bekomme, ist doch völlig gleichgültig."

Quelle: Erzählung am Stammtisch in Göttingen, November 1988. Der Erzähler, Techniker an der Universität Göttingen, hat die Geschichte aus seiner Heimat in der Nähe von Celle mitgebracht. Sie soll wahr sein, weil sogar Radio ffn darüber berichtet habe.

IX. Medizin und Drogen

87. Ein heißes Örtchen

Variante a

Im Städtischen Krankenhaus Wuppertal gab es mal eine OP-Schwester, die sehr stark rauchte. Weil im gesamten OP-Bereich strengstes Rauchverbot bestand, rauchte sie öfter auf dem WC in der Schleuse, wenn sie keine reguläre Pause machen konnte. Die anderen Leute aus dem OP hatten dafür kein Verständnis und ärgerten sich immer über den abgestandenen Qualm. Jemand schlug vor, einmal Wasserstoffsuperoxyd in die Toilette zu schütten. Das muß dann wirklich jemand gemacht haben. Als die Raucherin wieder einmal „verschwand", hörten alle einen schrecklichen Schrei. Die Schwester hatte, wie immer, die brennende Zigarette ins WC geworfen und starke Verbrennungen im Genitalbereich erlitten.

Ein vierzigjähriger Krankenpfleger, der selbst nicht rauchte, erzählte diese Geschichte 1975 in Konstanz allen, die im Krankenhaus irgendwo heimlich rauchten. So hat auch die Aufzeichnerin die Geschichte gehört.

Variante b

Eine Familie hatte zum Fleischfondue eingeladen. Das Essen war nicht so ganz nach dem Geschmack des Hausherrn gelungen. Nachdem die Gäste sich verabschiedet hatten, schüttete die Hausfrau wütend das restliche Fett und den Spiritus ins WC. Der Mann ging kurz darauf auf die Toilette und steckte sich dort eine Zigarette an. Nach wenigen Zügen warf er sie noch brennend ins Klo. Es gab eine ordentliche

Stichflamme, und der Mann verbrannte sich den Hintern. Die erschrockene Ehefrau rief gleich die Feuerwehr. Als man den Mann auf der Trage forttrug, fragten die Feuerwehrleute, wie denn das passiert sei. Während der Mann den Unfall schilderte, mußten die Feuerwehrleute so lachen, daß sie die Trage fallenließen. Da brach sich der Mann auch noch einen Arm.

Erzählt wurde diese Geschichte von einem Mitglied der Freiwilligen Feuerwehr Berlin. Sie soll einem befreundeten Löschzug passiert sein. Eine ähnliche Geschichte findet sich bei Virtanen (1987, 127) und bei Smith (1983, 48).

88. Hautausschlag

Die Hautklinik in Göttingen hat jahrelang versucht herauszufinden, warum ein bestimmter Arbeiter Hautausschläge hatte. Er ist genau untersucht worden. Dabei kam heraus, daß er jeden Tag am Kiosk ein Hähnchen gegessen hatte. Als er damit aufhörte, waren die Hautausschläge weg. Man untersuchte die Hähnchen und stellte fest, daß sie viel Penicillin enthielten. Der Mann hatte eine Penicillinallergie.

Einem Freund der Aufzeichnerin wurde diese Geschichte im Sommer 1988 im Krankenhaus in Göttingen erzählt, als man über Allergien sprach.

89. Das letzte Steak

Ein Mann hat mit einem Lastwagen in der Gegend von Göttingen einen Unfall verursacht. Als man in der Gerichtsmedizin den Magen des Verunglückten öffnete, fand man ein Schweinesteak, das so stark mit Barbituraten versetzt war, daß der Mann am Steuer eingeschlafen war.

Auch diese Geschichte hörte ein Freund der Aufzeichnerin im Sommer 1988 im Göttinger Krankenhaus, als man über Allergien sprach.

90. Schlankheitskapseln

Ich hab' mal gehört, in Amerika soll es so Schlankheitskapseln gegeben haben. Als eine Frau mal vergessen hat, die Kapseln weiter zu nehmen, guckte sie später – als das Haltbarkeitsdatum schon abgelaufen war – in die Dose, und da krabbelten lauter Bandwürmer darin herum.

Erzählt wurde die Geschichte von einer Studentin (23 Jahre) in Göttingen im November 1988. Eine englische Variante findet sich bei Smith (1986, 69).

91. Gefährliche Babysitter

Ein Ehepaar engagierte für die Zeit eines geplanten Theaterbesuchs ein junges Paar, das ihr Baby sitten sollte. Gleich beim Eintreffen kamen ihnen die jungen Leute schon nicht ganz geheuer vor, deshalb riefen sie vom Theater aus nochmals zu Hause an, um zu erfahren, ob alles in Ordnung sei. Ja, es sei alles o.k., war die Antwort, wir haben den Braten fertig und schieben ihn in den Ofen. Voller Schreck fuhr das Ehepaar nach Hause und kam gerade dazu, als die beiden das Baby mit Ketchup übergossen, bevor sie es in die Röhre schieben wollten. Sie konnten ihr Baby im letzten Moment noch retten. Später stellte sich heraus, daß das Pärchen vollkommen unter LSD-Einfluß gestanden hatte und deshalb nicht mehr zurechnungsfähig war.

Erzählt im Dezember 1988 von einer Nachbarin des Projektleiters aufgrund eines Berichtes über das Sagenprojekt in der Göttinger Tageszeitung. Ihre Quelle ist eine Freundin, deren Ehemann als Mediziner in einer Frankfurter Klinik tätig ist und die Geschichte aus unmittelbarer beruflicher Erfahrung kennt. Aber auch bei dieser „Erfahrung" handelt es sich um eine internationale Wandersage, die beispielsweise von Brunvand (1981, 58–61) aus den USA, von Dale (1984, 87) aus England berichtet wird („The Hippie Baby-Sitter"), allerdings meist mit einem tragischen Ausgang: die Eheleute können das als Truthahn gestopfte und gegrillte Baby nur noch fertig gebraten aus dem Ofen holen. Eine finnische Variante ist bei Virtanen (1987, 112) nachgewiesen.

92. LSD-Bilder

Ein kaufmännischer Angestellter (39 Jahre) aus Bremen erzählte im Dezember 1988 während eines Gesprächs über die Bremer Rauschgiftszene folgendes:

Im „Weser-Kurier", unserer Tageszeitung, stand vor einiger Zeit etwas über die neueste Gemeinheit englischer Dealer. Die haben doch tatsächlich Klebebilder für Kinder verkaufen lassen, in deren Gummierung LSD verarbeitet worden ist. Auf diese Weise wollen die jetzt schon die kleinen Kinder zu Rauschgiftkonsumenten machen!

Diese Meldung stand am 19.12.1988 in vielen Tageszeitungen (z.B. im „Göttinger Tageblatt") und wurde auch in den Nachrichten von Rundfunk und Fernsehen verbreitet. Der Vorsitzende der Kinderkommission des Bundestages warnte vor diesen Bildern. Auslöser war eine Plakat- und Flugblattaktion mit derselben Warnung in der Schweiz gewesen.
Schon am 20.12.1988 wurde aber im „Göttinger Tageblatt" berichtet, es müßte noch genauer untersucht werden, ob LSD-Bilder überhaupt existierten. Am 21.12.1988 wurde die Meldung offiziell dementiert, da solche Rauschgiftköder bisher an keiner Stelle der Welt aufgetaucht seien.

93. Urinprobe

Ein Abiturient aus Kassel hat seinen Musterungsbescheid erhalten. Weil er aber irgendwie darum herumkommen will, hat er eine Idee. Seine Freundin ist zuckerkrank. In der Hoffnung, daß das für eine Ausmusterung reichen müßte, gibt er bei der Untersuchung eine Urinprobe seiner Freundin ab. Nach einiger Zeit bekommt er dann Nachricht, daß er nicht nur zuckerkrank, sondern auch noch schwanger sei und sich zu dem angegebenen Zeitpunkt in der Kaserne einzufinden habe.

Diese Geschichte wurde zwischen 1983/84 in Kassel häufiger auf dem Schulhof erzählt, denn zu dieser Zeit bekamen die männlichen Mitschüler der Aufzeichnerin gerade ihre Musterungsbescheide. Es handelt sich hierbei um ein auch schon in früheren Jahrhunderten bekanntes Motiv. Anlaß waren die früher beliebten Harnschauen, bei denen Ärzte bzw. Wundärzte aus dem Urin des Patienten allerlei Krankheiten herauslasen.

Ein Beispiel hierzu findet sich bei W. K. Fränkel: „Aus dem 9. Jahrhundert n. Chr. wird zu diesem Thema eine amüsante Anekdote von Bischof Notker, dem berühmten Arzt und Freunde des Bayernherzogs Heinrich II. überliefert. Der Herzog schickte dem Arztbischof unter Vorgabe, krank zu sein, statt des eigenen Harns den einer liederlichen schwangeren Bauernmagd und erhielt vom Bischof als Ergebnis der Harnuntersuchung den überraschenden Bescheid: ‚Ein unerhörtes Wunder wird Gott jetzt vollbringen, denn dieser Herzog wird um den 30. Tag von heute ab einen aus seinem Leibe geborenen Sohn an seine Brüste legen'". Vgl. W. K. Fränkel: Die Schwangerschaftsdiagnose aus der Harnschau auf Bildern holländischer Maler des 17. Jahrhunderts. In: Zeitschrift für Geburtshilfe und Gynäkologie 108 (1934) 382–392, hier 390.

Weitere Hinweise auf dieses Motiv in der Schwank- und Zeitvertreiberliteratur des 17. und 18. Jahrhunderts bei Moser-Rath (1984, 196).

94. Scheidenkrampf

Eine etwas etepetete Frau wohnt mit ihrem Mann in einer Werkswohnung von VW in Baunatal. Als ihr Mann zur Kur weg ist, nutzt sie die Gelegenheit und lädt ihren Liebhaber zu sich ein. Na ja, und als es dann so zum Geschlechtsverkehr zwischen den beiden kommt, überfällt sie plötzlich das schlechte Gewissen, und sie kriegt einen Scheidenkrampf, so daß der Liebhaber aus ihr nicht mehr rauskommt. Irgendwie gelingt es ihnen, einen Krankenwagen zu rufen. Als die beiden dann auf der Trage aus dem Haus getragen werden sollen, versucht man die Schmach noch in Grenzen zu halten, indem man ein Laken über die beiden deckt. Im Krankenhaus kann dann der Arzt den Scheidenkrampf mit einer Spritze lösen.

Erzählt im Februar 1989 von der Schwester der Aufzeichnerin. Ihr war sie ca. 1981 von einer Bekannten aus Baunatal erzählt worden.

Das Grundmotiv dieser Geschichte, nämlich die Gefährlichkeit des Geschlechtsaktes bzw. die weibliche Vagina als Waffe, ist bereits aus mittelalterlichen Quellen als „Vagina dentata" bekannt. Nach dieser Vorstellung beißt eine Frau mit ihrer Vagina beim Geschlechtsakt dem Mann das Glied ab, was zur Folge hat, daß der Mann verblutet und stirbt (Enzyklopädie des Märchens 5, 1987, 1240–1243: Artikel „Giftmädchen" von Albert Gier).

Weitere, jüngere Beispiele sind in England und den USA zu finden (vgl. Brunvand 1984, 142–145 „The Stuck Couple"). Bei der in der englischen Sammlung von Smith aufgeführten Geschichte handelt es sich allerdings um eine abweichende Variante: Ein frisch verheiratetes Ehepaar ist gerade beim Renovieren, als sie auf einmal Lust verspüren, miteinander zu schlafen. Bei der zu Hilfe genommenen Gleitcreme handelt es sich aber, wie sich plötzlich herausstellt, um einen Sekundenkleber. Das so vereinigte Paar kann erst durch einen operativen Eingriff im Krankenhaus getrennt werden (Smith 1983, 44).

Literatur zur Vagina dentata: Gulzow/Mitchell 1980; Hallissy 1987.

X. Aberglaube und Übernatürliches

95. UFO über Freiburg

Vor vier Jahren war ich mit ein paar Freunden im Freiburger Stadtpark. Es war zwei Uhr morgens, als ich als erster einen leuchtenden Punkt am klaren Sternhimmel sah. Ich war total fasziniert davon. Das leuchtende Etwas flog ziellos in Schlangenlinien um die Sterne herum. Ich machte meine Freunde darauf aufmerksam. Zusammen versuchten wir, uns zu erklären, was das wohl sein könnte. Ein Satellit konnte es nicht sein, da diese in geraden Bahnen fliegen, genauso wie Kometen oder Sternschnuppen. So kamen wir zu dem Schluß, daß es sich um ein UFO handeln müsse. Aber allzu ernst nahmen wir diese Beobachtung nicht, weil wir auch schon einiges getrunken hatten.

Aber am nächsten Tag erzählte ich beiläufig meiner Mutter davon. Sie machte große Augen und sagte mir, daß sie heute nacht kaum geschlafen und vom Balkon unseres Hauses die Sterne beobachtet und dieses Etwas ebenfalls gesehen hätte. Wir lachten beide über unsere „UFO-Sichtung", doch als ich einen Tag später in der Zeitung eine Notiz fand, daß in Frankreich in der besagten Nacht ein UFO gesehen worden sei, wurde ich doch sehr nachdenklich.

Diese Geschichte wurde der Aufzeichnerin zu später Stunde im Sommer 1988 in einer Freiburger Studentenkneipe von einem Bekannten erzählt. Der Erzähler ist inzwischen überzeugt davon, daß UFOs tatsächlich existieren und daß er damals ein echtes gesehen hat.

Eine Variante berichtet von einer deutschen Frau, die während eines Besuches in Washington/USA von einem Pentagon-Beamten etwas über UFOs erfährt. Der Beamte behauptet, in einem speziellen Raum des Pentagon würden Wrackteile einer fliegenden Untertasse nebst deren toten Besatzungsmitgliedern aufbewahrt.

Mit dem UFO-Phänomen befassen sich zahlreiche Publikationen, in denen auch UFO-Erzählungen zu finden sind – unter anderem Reeken (1981) und Golowin (1967). Die Palette der Geschichten reicht von harmlosen UFO-Sichtungen über Begegnungen mit deren Besatzungen bis hin zu dramatischen Entführungen – meist gekoppelt mit einer partiellen Amnesie der Opfer, die sich nicht mehr an den Hergang der Ereignisse erinnern können. Die Beschäftigung mit dem UFO-Phänomen geht weit über wissenschaftliche Kreise hinaus und reicht bis hin zu sogenannten UFO-Vereinen, deren Seriosität zweifelhaft bleibt.

Der Psychoanalytiker C. G. Jung sah in den UFOs „stofflich gewordene Gedanken", durch die sich das Unbewußte des Menschen auszudrücken versucht, und einen Archetypus der Ganzheit (Jung 1958). Die volkskundliche Forschung untersucht eher die historische Komponente des Erzählstoffes: Die Menschen haben, so Linda Dégh, schon immer in den Himmel gesehen und vermeintliche Zeichen und Visionen zu deuten versucht (Dégh 1977). Nach Michel Meurger sind Himmelserscheinungen schon in mittelalterlichen Flugschriften belegt und wurden als Omen für Kriege, Katastrophen o.ä. gedeutet (Meurger 1985). Neben christlichen Kontexten finden sich auch phantastische Sagenstoffe von Lufthumanoiden, wie etwa dem Fliegenden Holländer oder der Wilden Jagd. Mit Beginn der wissenschaftlichen Spekulation des 19. Jahrhunderts und dem Aufkommen von Science-Fiction-Romanen (z.B. Roubour le conquérant von Jules Verne) tauchen immer mehr technisch-utopische Erzählstoffe auf, die die sogenannten Airships, d.h. die Vorläufer der heutigen UFOs, zum Thema haben. Meurger sieht folgenden Grund für den Fortbestand dieses Erzählstoffes: UFOs haben heute eine ähnliche Funktion wie z.B. die „Erscheinungen" des Mittelalters. Sie konfrontieren den Menschen mit seinen Ängsten vor dem Unfaßbaren und dem bedrohlich erscheinenden Unbekannten.

96. Vom UFO entführt

Eine Bekannte des Aufzeichners, die sich seit Jahren mit Unbekannten Flugobjekten beschäftigt, erzählte einmal von einem seltsamen jungen Mann, der in der DDR ein UFO-Erlebnis hatte.

Es war eines Abends im Februar 1962, als der damals 16jährige Junge auf einem kleinen See bei Stendhal/DDR Schlittschuh lief. Plötzlich sah er links neben dem Mond ein Licht, das immer heller wurde und sich ihm zu nähern schien. Das Licht glitt herab, bis es über einer kleinen Insel inmitten des zugefrorenen Sees schwebte. Der Junge lief neugierig auf das in allen Regenbogenfarben strahlende Leuchtobjekt zu – als er bewußtlos wurde.

Es war schon dunkel, als der Junge durch die Rufe seiner Eltern, die schon nach ihm suchten, geweckt wurde. Er lag auf der Eisdecke. Am nächsten Tag hatte er eine schwere Erkältung – aber, und das verwirrte ihn und seine Eltern, auch einen Sonnenbrand.

Die Eltern brachten ihn in die Poliklinik von Stendhal, wo die Ärzte ihn untersuchten. Einige Tage später wurde er von einem Psychiater hypnotisiert, die Sitzung auf Tonband aufgenommen. Bevor er aus der Klinik entlassen wurde, spielte der Arzt ihm Ausschnitte aus den Tonbandaufzeichnungen vor. Darin beschrieb der Junge, daß kleine, menschenähnliche Wesen ihn an Bord des geheimnisvollen Leuchtobjektes gebracht hätten. Auf einem Tisch liegend, sei er von ihnen untersucht worden.

Schon im Krankenhaus begann der Junge, seltsame Fragen zu stellen, hatte er mysteriöse Träume. Aus einem inneren Bedürfnis heraus mußte er mit jedem über Gott, bevorstehende Erdveränderungen und die Notwendigkeit eines Bewußtseinswandels bei den Menschen sprechen. Dies führte in der DDR natürlich zu Problemen: Mit 28 Jahren stellte der junge Mann einen Ausreiseantrag, dem schließlich 1980 stattgegeben wurde.

Erzählt in Düsseldorf im April 1982 bei einem privaten Besuch. Wir sprachen über UFOs und sogenannte „Entführungen".

In den USA sind Berichte über „UFO-Entführungen" zum Thema zahlreicher Publikationen geworden. Budd Hopkins hat unter der Mitwirkung von Psychiatern und Hypnotiseuren ca. 50 dieser Fälle untersucht und in zwei Büchern, „Missing Time" 1981 (dt.: „Von UFOs entführt", München 1982) und „Intruders" (New York 1987) veröffentlicht. Whitley Strieber kam mit der Beschreibung seiner eigenen „UFO-Entführung" in seinem Buch „Communion" (1987) für drei Monate in die Bestsellerliste der „New York Times". Die Geschichten laufen alle nach dem gleichen Schema ab, das wir auch in diesem Fall wiederfinden: Die Zeugen sehen ein UFO, werden bewußtlos, kommen erst nach Stunden wieder zu sich und können sich an nichts erinnern. Seltsame Träume und das sichere Gefühl, daß in dieser Zeit etwas mit ihnen geschehen sein muß, bewegen sie oft dazu, einen Psychiater aufzusuchen, der sie in Hypnose in die „verlorene Zeit" zurückführt. Sie erinnern sich, von kleinen, humanoiden Wesen an Bord des Raumschiffes gebracht worden zu sein, wo sie meist auf einem „Operationstisch" untersucht wurden.

Mit dem jungen Mann aus der DDR, der nicht genannt werden möchte, konnte der Aufzeichner schließlich selbst sprechen. Er bestätigte sein Erlebnis in den Grundstrukturen, wie es erzählt worden war. Ein Bericht darüber erschien in den „UFO-Nachrichten" Nr. 266, Wiesbaden, Dezember 1982, S. 1.

97. Die Mutprobe

Variante a

Zu einer Stammtischrunde im Gasthaus „Zur Schere" in Northeim gehörten auch zwei, die sich nicht gut leiden konnten. Etwa 1977 ist der eine der beiden gestorben. Ein paar Monate später kam in der Runde das Gespräch auf den Verstorbenen. Die Männer hatten alle schon ziemlich viel getrunken und zwangen den Feind des Verstorbenen, eine Wette mit ihnen abzuschließen. Es ging darum, daß er von Viertel vor zwölf bis kurz nach Mitternacht am Grab des Betreffenden bleiben sollte. Er willigte ein, sie gingen alle zum Friedhof, brachten ihn zu dem Grab und ließen ihn da allein. Da er nach Ablauf der Zeit aber nicht zurückkam, gingen sie wieder zu dem Grab hin und fanden ihn tot da liegen. Er hatte sich während des Wartens auf die Grabumrandung gesetzt, und als die Uhr zwölf schlug, wollte er wieder aufstehen. Da hatte sich sein Mantel an einer schmiedeeisernen Zacke verfangen. Er dachte, der Tote hält ihn fest, und ist vor Schreck an einem Herzschlag gestorben.

Erzählt 1977 von einem Lehrer im Gymnasium Northeim, nach der Erinnerung von einer ehemaligen Schülerin des Lehrers aufgezeichnet. Sie lebt heute als Universitätsangehörige in Göttingen.

Variante b
Die Wette

Ich habe das zwar nicht unmittelbar miterlebt, doch hat mir ein Freund später davon erzählt. In Hannover gibt es solche Jugendcliquen, und in einer war es üblich, die Neuen auf eine Mutprobe zu stellen. Die bestand darin, um Mitternacht auf den Zentralfriedhof zu gehen und eine Gabel in das Grab von Helmut Berger zu stecken. Der war ein bekannt-berüchtigter Kindermörder; es hieß, er gehe immer noch um, weil man Jahre vorher wieder Leichenteile aus der Leine gezogen hatte. Die Gabel im Grab sollte den anderen am nächsten Morgen zeigen, daß der Neue wirklich dagewesen war. Der betreffende Junge zog also nachts los, die anderen gingen noch mit bis zur Friedhofsmauer, dann war er allein. Er steckte die Gabel fest in die Erde und wollte schnell weglaufen, weil ihm unheimlich war, merkte aber, daß er zurückgehalten wurde. Vor Angst erschrak er sich zu Tode. Die anderen fanden ihn am Morgen tot neben dem Grab liegen; in der Eile hatte er mit der Gabel seine Jacke im Boden festgesteckt.

Diese Geschichte erzählte ein aus Hannover stammender Student (22 Jahre), als man im Dezember 1988 in Göttingen in größerer Runde beim Frühschoppen beisammensaß. Man findet das zugrundeliegende Thema einer tödlich endenden Mutprobe in nur gering voneinander abweichenden Varianten in mehreren deutschen Sagensammlungen des ausgehenden 19. Jahrhunderts ebenso wie in einem im Solling angesiedelten Heimatroman (Sohnrey 1929, 253). Auch bei den gegen Ende des 19. Jahrhunderts aus religiösen Gründen aus Osteuropa nach Nordamerika und Kanada emigrierten Hutterern konnte sie nachgewiesen werden (Brednich 1981, 217); die Lokalisierung der Erzählung in ihrer ehemaligen Heimat Rußland legt aber die Vermutung nahe, daß sie aus Europa mitgebracht wurde. Im Vorabdruck des Deutschen Sagenkatalogs ist diese Totensage unter dem Titel „Der festgenagelte Kleiderzipfel" (AaTh 1676 B) rubriziert (Müller/Röhrich 1967, 386: Typ 0 5). Sie gehört zu einer durch Rationalität gekennzeichneten relativ jungen Gruppe innerhalb des Komplexes der Totensagen. Die geschilderte Mutprobe endet nämlich nicht durch Eingreifen des Toten, sondern weil der Betreffende ein Opfer seiner eigenen Angst vor einer vermuteten Gefahr wird (HdA VI, 418 ff.).

98. Vor Angst ergraut

Variante a

Mein Großonkel hat mir folgendes erzählt: So zwischen 1900 und 1910 ist er in Bad Harzburg zur Konfirmandenstunde gegangen. Eines Tages waren die Jungen etwas zu früh zum Unterricht gekommen; da entschlossen sie sich, noch auf den Burgberg zu steigen. Dort war ein Brunnen. Um zu prüfen, wie tief er war, ließen sie einen der Konfirmanden an einem Seil hinunter. Als sie ihn wieder hochziehen wollten, schafften sie es nicht, so sehr sie auch zogen. In Panik rannten sie hinunter in die Stadt, um Hilfe zu holen. Als sie den Jungen mit Hilfe von mehreren Erwachsenen endlich wieder hinaufgezogen hatten, hatte er vollkommen weiße Haare. Die hat er auch für sein Leben behalten.

Quelle: Ältere Seminarteilnehmerin aus Bad Harzburg am 6. Juli 1988 in der Sprechstunde des Projektleiters.

Variante b

Über einen alten Flieger mit schneeweißen Haaren wird folgende Geschichte erzählt: Bis zu dem beschriebenen Ereignis habe er dunkle Haare gehabt. Während eines Versuchsfluges, bei dem er in extreme Lebensgefahr geriet, habe er eine derartige Angst ausgestanden, daß er nach der Beendigung dieses Fluges weiße Haare bekommen hatte.

Diese Geschichte wird von mehreren Menschen bestätigt, die den Flieger kennen und auch die Umstände des fraglichen Fluges beschreiben können. Erzählt wurde davon in der Deutschen Forschungs- und Versuchsanstalt für Luft- und Raumfahrt (DFVLR) in Göttingen im Jahre 1983.
Literatur: Santino 1978.

99. Zahnschock

Mein Neffe hatte mit acht Monaten noch keine Zähne. Einmal abends schrie er ununterbrochen. Da nahm sein Vater ihn auf den Arm, um ihn zu beruhigen. Plötzlich fiel der Kleine um und war tot. Der Arzt, der sofort gerufen wurde, untersuchte das Baby, fand aber keine Ursache für den plötzlichen Tod. Zum Schluß sah er ihm in den Mund, und es waren plötzlich alle zwanzig Milchzähne darin. Das Kind war am Zahnschock gestorben.

Die Geschichte erzählte eine Verkäuferin bei Karstadt im März 1984 in Göttingen.
Die Erzählerin hatte das damals acht Monate alte Kind der Aufzeichnerin gesehen, das ebenfalls noch zahnlos war. Die Aufzeichnerin befragte daraufhin sofort den Kinderarzt nach einer solchen Todesart. Der beruhigte die besorgte Mutter damit, daß es sich bei diesem Bericht um ein sehr altes Schauermärchen handele.

100. Großvaters vierte Zähne

In einem kleinen Dorf in der Nähe von Göttingen, in Volkerode, wird erzählt, daß ein Mann mit 96 Jahren noch einmal neue Zähne gekriegt habe. Dabei handelte es sich nicht um die ersten oder die zweiten Zähne, auch nicht um die dritten vom Zahnarzt, sondern der Greis hat, wie ein Säugling, in relativ kurzer Zeit wieder ein völlig neues, gesundes Gebiß bekommen.

Diese Geschichte machte 1986 in Volkerode in der Dorfkneipe die Runde. Als Begründung wurde angegeben, daß so etwas auch bei Haifischen möglich sei.
Vergleichbare Erzählungen sind uns in der Literatur nicht begegnet. Von Zähnen handelt lediglich eine Geschichte bei Virtanen (1987, 108); dort löst Coca-Cola angeblich einen Milchzahn auf (vgl. oben Nr. 51).

101. Verschwunden am Untersberg

Eine Bekannte, die sich intensiv mit dem Übersinnlichen befaßt und auch eine kleine Zeitschrift herausgibt, erzählte mir Ende 1987, daß drei Menschen auf mysteriöse Weise am Untersberg bei Berchtesgaden verschwunden seien. Die drei hätten dort nach geheimnisvollen Plätzen, Höhlengängen usw. gesucht. Weder Grenzpolizei noch Bergwacht konnten sie finden. Einzig ihr Wagen hätte noch immer in Unterschönberg am Fuße des Berges gestanden. Man hatte sie aufgegeben, vermutet, daß sie in irgendwelchen unerschlossenen Höhlen des Berges verschollen seien.

Dann, drei Monate später, hatte sich einer der drei über Radio Norddeich bei einer Bekannten gemeldet. Er sei, zusammen mit den beiden anderen, in Ägypten aufgetaucht und nun auf einem Schiff auf dem Roten Meer auf dem Weg nach Alexandria. Dort wurden sie auf dem deutschen Konsulat vorstellig, um wenig später nach Deutschland zurückzukehren. Sie hüllten sich über ihre Erlebnisse am Untersberg in Schweigen.

Quelle: Mündliche Erzählung im November 1987. Zeitpunkt des Geschehens: August (Verschwinden) bis November 1987.

Die geschilderte Geschichte stand Ende 1987 in diversen Zeitungen. Die drei Personen, die am Untersberg „verschwunden" sind, waren ein Münchner Ehepaar sowie ihre Freundin. Alle drei hatten sich schon seit längerer Zeit mit dem Übersinnlichen und speziell mit den Geheimnissen des Untersberges befaßt.

In der Volksetymologie heißt der Untersberg auch „Wunderberg", und allerlei Sagen ranken sich um ihn und seine geheimnisvollen Höhlen. Wir finden hier zahlreiche Elemente traditioneller Bergsagen wieder. So sollen hier große Kaiser der Vergangenheit auf den jüngsten Tag warten, wie 1529 ein Mann namens Lazarus Aizner berichtete, der von einem Mönch in das Berginnere geführt worden sein soll. Ein Jäger blieb einmal vier Wochen lang trotz allen Suchens verschollen und wurde für tot gehalten, weiß eine andere Sage. Erst als für ihn die Seelenmesse gehalten wurde, trat er in die Kirche und erzählte, er sei in den Berg entrückt worden. Ein Bauer wurde von den Untersbergbewohnern als Kegelaufheber engagiert und blieb sieben Jahre fort. Ein Bergmännlein benachrichtigte in diesem Fall seine Angehörigen, daß es ihm gut gehe (HdA VIII, 1483 ff.).

Haiding (1965, 108 f.) führt unter dem Titel „Die Hochzeitstafel im Untersberg" die Sage von einem Brautpaar an, das samt seinem Gefolge von einem „kleinen Mann" in das Innere des Berges geführt wurde. Als es den Berg wieder verließ, schien alles verändert. Von einem Pfarrer schließlich erfuhr die Brautgesellschaft, daß inzwischen hundert Jahre vergangen seien.

Ebenfalls läßt sich die inhaltliche Verwandtschaft mit zahlreichen anderen traditionellen Berg- und Höhlensagen bis hin zum „Rattenfänger von Hameln" leicht nachweisen. Wir haben es hier also mit einer alten Sage in neuem Gewand zu tun.

102. Das unheimliche Foto

Im Sommer 1986 plante eine junge Krankenschwester, gemeinsam mit ihrem Freund im Wagen nach Italien zu fahren. Der Freund hatte gerade einen neuen, roten VW-Golf erworben. Kurz vor der geplanten Abreise wollte die Frau plötzlich nicht mehr weg. Sie ließ sich aber von ihrem Freund umstimmen. Als sie die Sachen packte, stellte sie fest, daß in ihrem Fotoapparat noch ein Film war. Sie brachte den Film zum Entwickeln weg, holte die Bilder aber nicht mehr ab, weil sie schon am nächsten Tag in die Toskana abfuhren.

Auf einer Landstraße nahe Pisa passierte das Unglück. Dem deutschen Paar kam ein Lkw, der einen Mofa-Fahrer überholte, entgegen. Man versuchte auszuweichen. Der Golf geriet ins Schleudern und prallte gegen einen Baum. Die junge Frau war sofort tot. Ihr Freund wurde verletzt. Als er Wochen später wieder in die gemeinsame Wohnung nach München zurückkehrte, um die Sachen der Verstorbenen zu ordnen, fand er auch den Abholschein des Fotogeschäftes. Der Mann holte die Bilder ab. Beim Durchsehen der Aufnahmen, die bei einem früheren gemeinsamen Ski-Urlaub gemacht worden waren, erschrak er: Ein Bild nämlich zeigte keine Skipisten und Winterfreuden. Auf der Aufnahme war vielmehr ein roter VW-Golf zu sehen, der gegen einen Baum geprallt war. Das Nummernschild des Wagens stimmte mit dem seines Unfall-Autos überein.

Diese Geschichte wurde im September 1988 in Fethiye (Türkei) von einem Krankenpfleger (32 Jahre) aus München erzählt.

Mehrere junge Leute saßen auf der Dachterrasse einer kleinen Pension zusammen, als der Krankenpfleger diese Geschichte wiedergab, die er von seiner Ex-Freundin gehört hatte. Seine ehemalige Freundin, hieß es, habe die junge Frau, von der die Rede war, gekannt.

Seltsame Fotos spielen in modernen Sagen häufiger eine Rolle. In einer finnischen Geschichte, die Virtanen aufgezeichnet hat, fährt ein Ehepaar mit dem Pkw nach der Beerdigung der Mutter des

Mannes heim. Die Frau macht Fotos. Als die Bilder entwickelt sind, erkennt das Paar mit Schrecken, daß auf den Fotos die Verstorbene auf dem Rücksitz des Wagens zu erkennen ist (Virtanen 1987, 83).

Daß Personen unversehens auf Bildern auftauchen, obwohl sie zum Zeitpunkt der Aufnahme längst verstorben waren, ist laut Virtanen ein bekanntes Erzählmotiv. So wird auch berichtet, daß das Gesicht Jesu plötzlich auf Fotos zu sehen ist und daß ehemalige, längst verstorbene Bewohner eines alten Hauses auf neueren Aufnahmen, die das betreffende Gebäude zeigen, abgebildet sind. In dem US-Thriller „Shining" (1980) spielte solch ein unheimliches Foto ebenfalls eine Schlüsselrolle. Es handelte sich um ein altes Gruppenfoto, von dem zeitweise Personen verschwanden und auf dem dafür andere unversehens auftauchten.

103. Todesprophezeiung

Bei Bekannten klopfte es gegen elf Uhr abends an der Tür. Die Hausfrau öffnete und sah eine Zigeunerin dastehen, die bei ihrem Anblick zurückschreckte. Dann sagte sie der Frau, daß ein naher Angehöriger bald an einer Kopfverletzung sterben würde. Eine Woche später verunglückte der Sohn mit dem Motorrad und starb an einem Schädelbruch.

Bei einem Gespräch über übernatürliche Kräfte wurde diese Geschichte als wahr erzählt. Das Gespräch fand in Göttingen in einer Wohngemeinschaft im Frühjahr 1988 statt. Die Erzählerin konnte der Aufzeichnerin keine Angaben zum Ort und zur Zeit des Geschehens machen.

Zigeunerinnen galten und gelten auch heute noch als Wahrsagerinnen. Im allgemeinen bittet man sie jedoch um ihre Wahrsagung, das heißt man sucht sie auf. Ungewöhnlich ist auch die Uhrzeit, denn um elf Uhr abends sind keine Hausierer mehr unterwegs.

104. Eine weiße Taube

Einige Jurastudenten aus Marburg gingen Ende des letzten Jahrhunderts aus Jux zu einer Wahrsagerin. Dem einen prophezeite die Frau: „Eine weiße Taube wird dich töten." Der so Gewarnte lachte schallend: „Wie soll mich eine weiße Taube töten können?" Er vergaß die Vorhersage schnell. Jahrzehnte später, inzwischen war er ein angesehener Rechtsanwalt geworden, mußte er sich den Blinddarm entfernen lassen. Dazu ging er in ein renommiertes Krankenhaus, in dem mehrere Professoren tätig waren. Im Operationssaal begrüßte ihn der Chirurg, schon im weißen OP-Kittel: „Gestatten, Professor Taube." So erfüllte sich die Prophezeiung, denn der Patient starb dem Chirurgen unter den Händen.

Diese Geschichte erzählte der Vater der Aufzeichnerin bei einem Besuch in Göttingen im Februar 1989. Zur Erklärung fügte er hinzu: „Damals trugen die Chirurgen im Operationssaal weiße Kittel, heute tragen sie grüne." Ein Freund seines Vaters soll der Patient gewesen sein. Ihm und den anderen Besuchern der Wahrsagerin fiel die Prophezeiung erst wieder ein, als sie für die Witwe den Nachlaß besorgten.

    Diese Erzählung nimmt Elemente der alten Volkssage auf. Hier wie dort muß sich die Prophezeiung unbedingt erfüllen. Bei einer solchen Vorhersage gibt es zwei Handlungsmöglichkeiten für den Gewarnten: Er versucht entweder alles zu vermeiden, was ihn in Gefahr bringen könnte, oder vergißt die Warnung, worauf ihn sein Schicksal aber trotzdem ereilt.

    Für beide Varianten existieren bereits sehr alte Belege, z.B. die klassisch-griechische Ödipus-Sage (vgl. Brednich 1964, 42–46). Aber auch im deutschen Sprachraum erschienen solche Erzählungen in allen Jahrhunderten.

105. Lebensbaum

Eine sehr alte Dame und ein Mann in den „besten Jahren" teilten aus Platzmangel im Krankenhaus dasselbe Zimmer. Die Frau war schon stark geschwächt und sah ihrem Ende entgegen; dem Mann sollte nur der Blinddarm entfernt werden. Im Krankenzimmer stand ein Bäumchen, das nach und nach seine Blätter verlor. Bis auf zwölf Blätter war es kahl. Plötzlich sagte die alte Frau zu dem jungen Mann: „Und wenn das letzte Blatt abgefallen ist, dann werden auch Sie sterben!" Mit diesen Worten verabschiedete sich die Alte von der Welt. Der Baum verlor weiter seine Blätter; jede Stunde fiel ein Blatt. Der Mann wurde in den Operationssaal gebracht. Als das letzte Blatt gefallen war, fragte sich der Anästhesist, warum der Mann nicht aus der Narkose erwachte. Er wartete vergebens.

Die Geschichte wurde der Aufzeichnerin im Frühjahr 1989 von einem Hausbewohner (28 Jahre) erzählt, der die Erzählung schon lange kennt.

106. Todespendel

Eine Gruppe von Schülern hatte sich spätabends zu einer spiritistischen Sitzung getroffen. Sie setzten sich an einen runden Tisch, auf den ein Alphabet und eine Zahlenfolge von 0 bis 10 gezeichnet waren. Nacheinander stellte jeder von ihnen eine beliebige Frage, auf die man sich gemeinsam konzentrierte und mittels eines Pendels die Antwort herausfinden wollte. Einer der Schüler stellte die Frage nach seinem Todestag, was bei den anderen Unsicherheit auslöste, weil sie gehört hatten, daß man diese Frage besser nicht stellen sollte. Das Pendel gab aber direkt eine Antwort darauf. Nach der Sitzung war der Schüler etwas verunsichert, aber mit der Zeit vergaß er das Geschehene. Ein paar Monate später verunglückte der Junge tödlich, und seine Freunde erinnerten sich, daß es der vorausgesagte Todestag war.

Erzählt wurde der Aufzeichnerin die Geschichte von der Schwester einer Freundin im Juli 1988 bei einer Unterhaltung über spiritistische Sitzungen, wobei die Erzählerin keinen Zweifel an der Wahrheit der Geschichte erkennen ließ.

107. Rendezvous mit einem Toten

Junge Leute versammelten sich zu einer spiritistischen Sitzung. Eine Frau wollte durch Gläserrücken mit ihrem Freund, der bei einem Autounfall ums Leben gekommen war, in Verbindung treten. Sie rief seinen Geist, und der meldete sich nach kurzer Zeit. Die ganze Gruppe bat den Geist nun, sich ihnen zu zeigen. Der Geist ließ durch das Glas mitteilen, er werde nur erscheinen, wenn alle bis auf seine Freundin den Raum verließen. Die Frau blieb allein im Zimmer zurück. Als die anderen, die einige Minuten draußen vor der Tür gewartet hatten, den Raum wieder betraten, saß die junge Frau völlig apathisch auf ihrem Stuhl. Man mußte sie in die Psychiatrie bringen.

Die Geschichte wurde 1988 vom Freund der Schwester der Aufzeichnerin in Minden-Lübbecke erzählt, der sie von einer Bekannten gehört hatte.

Die Beschäftigung mit okkulten Praktiken wie Gläser- und Tischerücken sowie Pendeln hat in den letzten Jahren in der Bundesrepublik, insbesondere in Schülerkreisen, stark zugenommen. „Jenseitsbefragungen" als Partygag können jedoch bei psychisch und physisch labilen Menschen Ängste verstärken, wie Mediziner und Psychologen warnend hervorheben. Eltern, Lehrer und Geistliche versuchen deshalb, dem neuen Trend der Jugendlichen durch geeignete Maßnahmen zu begegnen. So werden vielerorts vom Jugendamt organisierte Vorträge zur Aufklärung der Jugendlichen gehalten, oder das Thema Okkultismus wird in den Religionsunterricht integriert. Die Evangelische Kirche beauftragte sogar Sekten- und Okkultismusberater, dem Phänomen entgegenzuwirken.

Literatur zum Thema: Haack, Friedrich-W.: Rendezvous mit dem Jenseits. Hamburg 1973; Moser, Fanny: Das große Buch des Okkultismus. 2. Aufl. Olten 1974; Schmidt, Philipp: Dunkle Mächte. Frankfurt a.M. 1956; Tenhaeff, W.H.C.: Kontakte mit dem Jenseits. Berlin o.J.

108. Merkwürdige Hüttennacht

Während einer Kaffeepause in einer Cafeteria erzählte eine Freundin folgende Geschichte. Vor ca. 15 Jahren war ihr Nachbar in Hannover mit acht Freunden aufgebrochen, um in einer Berghütte gemeinsam eine Woche Winterurlaub zu machen. Die ersten Tage verliefen ruhig und erholsam. Zwei der Freunde mußten aufgrund geschäftlicher Verpflichtungen den Heimweg früher antreten. Da die Hütte sehr einsam lag, mußten die beiden zu Fuß ins Tal hinabsteigen und brachen deshalb am frühen Nachmittag auf. Abends saß man wieder in gewohnter geselliger Runde zusammen, als plötzlich die beiden am Fenster erschienen. Man stand sogleich auf und wollte die Freunde hereinholen, doch draußen war keiner mehr zu sehen. Wegen reichlichen Alkoholgenusses maßen sie diesem Ereignis jedoch nicht viel Bedeutung zu. Als die Gruppe am nächsten Tag heimkehren wollte, fand sie ihre beiden Freunde tot im Schnee liegen.

Diese Geschichte hat ihre Wurzeln in den alten Wiedergängersagen. Wiedergänger sind im Volksglauben Tote, die mahnend oder strafend zurückkehren, weil sie nicht nach den üblichen Begräbnisriten bestattet worden sind (HdA 9, 570–578).

109. Scheintod

Ein reicher Mann, der schreckliche Angst hat, als Scheintoter begraben zu werden, verfügt in seinem Testament, daß in seinen Sarg eine Telefonstandleitung gelegt wird. Nach Überwindung aller Schwierigkeiten wird das auch gemacht.

Als die Familie nach der Trauerfeier einen merkwürdigen Anruf bekommt – sie kann die Stimme nicht verstehen –, glaubt sie an einen schlechten Scherz. Sie läßt aber nach einiger Zeit den Toten exhumieren. Der Sarg wird geöffnet, und man findet den Toten mit angstentstelltem Gesicht, zerrissenen Fingernägeln, und neben ihm den Telefonhörer.

Diese Geschichte hörte der Aufzeichner im November 1988 in einer Göttinger Kneipe von einem Kommilitonen.

110. Geburt im Grab

Eine hochschwangere Frau in Neuhaus im Solling wird von einem Auto angefahren und stirbt an Gehirnblutung. Sie wird von einem Bestattungsunternehmen eingesargt und dort noch einige Zeit bis zur Beerdigung aufgebahrt. In dieser Zeit meint ein Angestellter des Bestatters, Geräusche aus dem Sarg zu hören. Er meldet das dem Besitzer des Unternehmens, der, vielleicht des Profites wegen, den Angestellten beruhigt und ihm verbietet, darüber zu reden, da das dem Geschäft schade. Nach der Beerdigung kann der Angestellte den psychischen Druck nicht mehr ertragen und erzählt seine Beobachtung dem Witwer. Der läßt sofort den Sarg exhumieren und öffnen. Man findet die Frau mit schmerzverzerrtem Gesicht und blutigen Händen. Neben ihr liegt ein neugeborenes totes Kind.

Diese Geschichte wurde dem Aufzeichner von einem Bekannten, einem 80jährigen Apotheker aus Uslar, im November 1988 erzählt. Die Tragödie soll sich 1981 in Neuhaus im Solling ereignet haben.
    Das Motiv von der Geburt im Grab läßt sich bis in die frühe Neuzeit zurückverfolgen. Ein berühmt gewordenes Beispiel beschreibt Rudolf Zacharias Becker in seinem „Noth- und Hülfsbüchlein für Bauersleute" Teil 1. Gotha/Leipzig 1788, 11–13. Vgl. AaTh 760, Das unruhige Grab, und den Artikel in Enzyklopädie des Märchens 6 (Berlin/New York 1988, 63–65).
    Schon immer hat die Angst, als Scheintote begraben zu werden,

die Menschen beschäftigt. Zahlreiche Anleitungen, wie die untrüglichen Kennzeichen des Todes zu erkennen seien, belegen das. Einrichtungen wie die Totenschau, die Wahrung einer vorgeschriebenen Frist zwischen Tod und Begräbnis, sollten die verbreitete Unsicherheit eindämmen.

Die Angst vor dem Scheintod ist eine spezifische Angst des 18. Jahrhunderts. Die fortschreitende Distanzierung vom Körper und zunehmende Unterdrückung der Gefühle gingen mit der Verdrängung des Todes einher. Todesangst durfte in offener Form nicht gezeigt werden und trat in der gesellschaftlich sanktionierten Form der Angst vor dem Scheintod zutage.

Michael Balint (1959) führt solche Ängste auch auf die Angst zurück, von einem geliebten Menschen verlassen zu werden. Eine Art, sich mit dieser Angst auseinanderzusetzen und damit die Angst zu verarbeiten, ist die moderne Sage.

Literatur: Balint 1959; Stössel 1983.

XI. Merkwürdige Zufälle

111. Verhinderter Selbstmord

Ein früherer Bekannter aus meinem Heimatort in der Nähe von Kassel hat mir erzählt, was einem seiner Bekannten angeblich passiert ist. Er wollte sich umbringen und hatte vor, von der Fuldabrücke zu springen. Um auf Nummer sicher zu gehen, wollte er sich noch einen Strick um den Hals legen, eine Kugel in den Kopf schießen und vorher Schlaftabletten nehmen. Zu Hause hinterließ er einen Abschiedsbrief, schluckte die Schlaftabletten und ging zur Brücke. Er machte das Seil fest und legte sich die Schlinge um den Hals. Mit der Pistole in der Hand ist er gesprungen und wollte sich dabei in den Kopf schießen. Statt den Kopf zu treffen, hat er aber das Seil durchgeschossen und ist in die Fulda gefallen. Eine Spaziergängerin hat ihn aus dem Wasser gefischt. Weil er viel Wasser geschluckt hatte, versuchte die Frau, ihn wiederzubeleben. Dabei gab der Mann auch alle Schlaftabletten, die er geschluckt hatte, wieder von sich.

Diese Geschichte wurde am 14. 1. 1989 von einem 27jährigen Göttinger Studenten erzählt, der sie in seinem Heimatort gehört hatte.
  Die Farblithographie „Niemand kann wider sein Schicksal" von Marcus Behmer (Weimar um 1910) weist auf eine längere Erzähltradition dieser Geschichte hin: Ein junger Prinz will sich aus enttäuschter Liebe das Leben nehmen und dabei sicher sein, daß er stirbt. Die drei Methoden, die er anwendet, schlagen jedoch alle fehl, so daß er am Ende lebend im Fluß schwimmt. Die Prinzessin, die vorher seine Liebe verschmäht hatte, erhört ihn nun und rettet ihn aus dem Fluß.
  Wiedergabe bei Wolfgang Brückner: Populäre Druckgraphik Europas, Deutschland vom 15. bis zum 20. Jahrhundert, München 1969, Abb. 192.

Das gleiche Thema wird mit einer außergewöhnlichen Schlußvariante in dem Kriminalroman „Déjà vu" aus dem Jahre 1988 als Eingangsmotiv verwandt. Auch hier kann der Selbstmörder gerettet werden. Doch auf dem Weg ins nächste Krankenhaus verunglückt der Rettungswagen aus unerklärlichen Gründen auf trockener Fahrbahn. Das Motiv des vorherbestimmten Todeszeitpunktes und der Todesart, auf die der Mensch keinen Einfluß hat, tritt in dieser Variante noch stärker hervor. Der Selbstmörder überlebt den dreifachen Versuch, sich umzubringen, wird aber kurz darauf Opfer eines Verkehrsunfalles, bei dem es nicht mit rechten Dingen zugegangen sein kann. A.B.S.: Déjà vu. Kriminalroman. München 1988 (Heyne Blaue Krimis, 02/2240), 6f. (freundlicher Hinweis von Andreas Kuntz, Hamburg).

112. Jägerehre

Ein Sollinger Jäger, der sehr in der Tradition der alten Jagdbräuche lebte und an diesen hing, soll eines Morgens statt eines Hirsches aus Versehen ein Pferd geschossen haben. Aus Verzweiflung über dieses Mißgeschick, das ihn letztlich zum Gespött der Leute gemacht und ihn als Jäger diskreditiert hätte, soll er sich daraufhin das Leben genommen haben.

Quelle: Mündliche Erzählung von Jagdgenossen in Lippoldsberg am Solling 1986 in einer Gaststätte.

113. Die mehrfach getötete Leiche

Da war ein Ehepaar, das war im Zug mit dem Opa unterwegs. Plötzlich stirbt der Opa auf der Reise an einem Herzanfall. Darauf setzen sie ihn in die Fensterecke im Abteil und hoffen, ihn so unbemerkt nach Hause zu bringen. Dann gehen sie in den Speisewagen. Der Zug hält abends an einer kleinen Station, und dort steigt ein Mann mit einem schweren Koffer ein und geht genau in das Abteil, in dem die

Leiche sitzt. Er versucht, seinen schweren Koffer ins Gepäcknetz zu wuchten, schafft es aber nicht, verliert das Gleichgewicht, kippt nach hinten über und fällt mit dem Koffer auf die Leiche. Der Kopf der Leiche kippt zur Seite ab (Erzählerin läßt ihren Kopf auf die Schulter fallen). Der Mann gerät in Panik, weil er denkt, er hat dem alten Mann das Genick gebrochen. Er nimmt die Leiche und wirft sie aus dem anfahrenden Zug. Als das Ehepaar das Abteil wieder betritt und sich über das Verschwinden des Großvaters entsetzt, sagt der Mitreisende, der alte Herr sei an der letzten Station ausgestiegen.

Erzählt wurde diese Geschichte 1988 von einer 28jährigen wissenschaftlichen Mitarbeiterin in Göttingen, die sie vor vielen Jahren als ein angeblich tatsächlich passiertes Ereignis gehört hatte. Die Erzählung ist auch in Finnland bekannt (vgl. Virtanen 1987, 34): dort spielt sie in einem Schlafwagen, und die Leiche fällt aus dem oberen Bett auf den Fußboden. In Polen wird noch folgende Vorgeschichte hinzugefügt: Zwei Söhne nehmen mit ihrem hochbetagten Vater an einer Hochzeit im Familienkreis teil. Der Vater stirbt im Hochzeitshaus. Um die Feier nicht zu stören, fahren die Söhne mit der Leiche des Vaters im Schnellzug nach Hause (Simonides 1987, 271). Dale (1984, 56) kennt die gleiche Geschichte aus Italien. Was in diesen Geschichten vorliegt, sind im Grunde moderne Ausprägungen des Schwankes von der viermal getöteten Leiche (AaTh 1537), der seit dem 13. Jahrhundert in Europa und Asien bekannt ist und später auch nach Afrika und Amerika übertragen wurde. Darin unterhält ein Mann intime Beziehungen zu einer Bauersfrau, wird von dem heimkehrenden Ehemann beim Essen überrascht und in Abwesenheit der Frau getötet. Die zurückkehrende Frau bringt die Leiche unbemerkt weg. Auf der Wanderung der Leiche durch verschiedene Stationen wird sie noch mehrfach aufs neue getötet, und jeder, der mit der Leiche in Berührung kommt, hält sich für den Mörder. Am bekanntesten dürfte die „Geschichte des Buckligen" in der Sammlung „Tausendundeine Nacht" sein; vgl. Enno Littmann: Die Erzählungen aus den Tausendundein Nächten. Wiesbaden 1953, 292–406. Literatur: Suchier 1922; Röhrich 1985/86.

114. Kurioser Versicherungsfall

Variante a

Ein Mann wendet sich an seine Versicherung, um seinen Krankenhausaufenthalt finanziert zu bekommen. Er habe den rechten Arm verletzt, eine Schädelverletzung, seine linke Schulter sei aufgerissen, außerdem habe er beide Beine gebrochen und sich eine weitere Kopfverletzung zugezogen. Seine Geschichte, so schreibt er in dem Brief an die Versicherung, sei folgende:

Ich hatte von meinem Hausbau noch Ziegelsteine übrig, die auf dem Speicher lagen. Da dachte ich mir, daß ich daraus einen Hühnerstall bauen könnte. Um die Ziegelsteine vom Speicher zu bekommen, packte ich sie in eine Holzkiste und befestigte am Speicherfenster außen einen Balken mit einem kleinen Bälkchen und einer Rolle daran. Über die Rolle legte ich ein Seil, das ich unten auf der Erde festmachte, und band am oberen Ende die Kiste fest, die ich sodann ins Freie schob, wo sie in der Schwebe blieb. Dann ging ich hinunter und machte unten das Seilende los.

Dabei mußte ich feststellen, daß die Kiste mit den Steinen schwerer war als ich. Obwohl ich das Seil krampfhaft festhielt, wurde ich nach oben gezogen. Auf halber Höhe begegnete ich der Kiste und riß mir den rechten Arm auf. Dann stieß ich oben mit dem Kopf zuerst an das Bälkchen und dann an den Balken. Im gleichen Augenblick setzte die Kiste unten auf. Durch die Wucht des Aufpralls löste sich der Boden der Kiste mit den Steinen, und da der Rest der Kiste nun leichter war als ich, ging die Fahrt wieder nach unten. Auf halber Höhe begegnete ich erneut der Kiste und riß mir daran die linke Schulter auf. Dann schlug ich auf den Boden und brach mir ein Bein. Vor Schmerz ließ ich das Seil los, woraufhin mir die Reste der Kiste auf den Kopf fielen und ich noch eine Kopfverletzung davontrug. Seit drei Monaten liege ich nun im Krankenhaus und wäre Ihnen, sehr verehrte

Versicherung, dankbar, wenn Sie den Krankenhausaufenthalt bezahlen könnten.

Dieses wurde im Oktober 1988 von einem 30 Jahre alten Historiker auf einer Party in Göttingen erzählt.

Variante b

Der Dachdecker M. hatte den Auftrag von seinem Meister bekommen, einige defekte Dachpfannen an einem zweistökkigen Gebäude auszuwechseln. Er nahm einige Pfannen heraus und brachte einen Montagebalken an, an dessen Spitze sich eine Rolle befand. Diese Rolle nahm ein Seil auf. Das eine Ende des Seiles war mit einer Transportkiste verbunden, das andere hatte M. an der Anhängerkupplung seines VW-Busses befestigt. Bevor M. nun die neuen Pfannen hochhievte, füllte er die Kiste, die sich jetzt natürlich oben befand, mit den alten defekten Pfannen. M. ging hinunter und löste das Seil, um die Kiste herunterzulassen. Er hatte dabei das Gewicht der Kiste unterschätzt und wurde augenblicklich in die Höhe gezogen. Auf halbem Wege traf er mit der Kiste zusammen und verletzte sich die Schulter, hielt sich aber dennoch krampfhaft fest und quetschte sich, oben angekommen, die Finger in der Rolle. Durch den unsanften Aufprall der Kiste löste sich der Boden, der Inhalt fiel auf den Fußweg. Die nun erleichterte Kiste wurde vom Gewicht des Herrn M. nach oben gezogen. Beim Zusammenprall auf halbem Wege zog sich M. eine Fraktur des Wadenbeines zu. Beim Aufprall auf den Gehwegplatten brach M. sich das Steißbein und ließ vor Schmerz und Schreck das Seil los. Die herunterkommende Kiste traf M. am Kopf..., „und dann muß ich die Besinnung verloren haben", schloß M. seinen Bericht.

Der Vater der Aufzeichnerin erzählte diese Verkettung von Unglücksfällen vor etwa zwei Jahren in Hamburg. Er kennt sie aus einem Unfallbericht, der in einer Zeitschrift zur Vermeidung von

Unfällen beschrieben wurde. Er hat die Erlebnisse des Dachdeckers nachträglich aufgeschrieben.

115. Böses Erwachen

In meiner Studienzeit habe ich mit Kommilitonen viel Blödsinn gemacht. Einmal waren wir abends ziemlich betrunken und gingen noch zu einem Freund, dessen Eltern ein Bestattungsinstitut hatten. Was da im einzelnen passierte, haben wir wohl alle nicht mehr ganz mitbekommen, aber als ich am nächsten Morgen aufwachte, fand ich mich im Schaufenster des Geschäftes wieder: ich war wohl so betrunken gewesen, daß ich mich in einen Sarg gelegt hatte und dort eingeschlafen war.

Der Aufzeichnerin wurde dieses Erlebnis vom Vater einer Freundin (Physiker, Anfang 50) etwa 1981 erzählt und im November 1988 aus der Erinnerung aufgezeichnet.

116. Die alte Dame und die Handtasche

Dies ist keine Geschichte, das hab' ich wirklich erlebt. Im zweiten Semester war ich hier noch relativ neu in Göttingen und war mit einem Freund bei Cron & Lanz, der feinsten Konditorei am Platze. Da war alles sehr voll, und wir mußten uns an einem Tisch hinzusetzen, wo eine ältere Dame saß, die recht wohlhabend angezogen war. Man sah an ihrer Kleidung, daß sie wohl nicht die Ärmste war, wie das überhaupt bei dem Publikum von Cron & Lanz der Fall ist. Wir haben uns dazugesetzt und Kaffee und Kuchen bestellt, und die Frau ging, bevor wir aufgegessen hatten. Als wir bezahlen wollten, hatten wir soviel auf der Liste, daß wir nachgerechnet haben und kamen darauf, daß das nicht stimmen konnte. Die Kassiererin hat gesagt: „Ja, das hat alles seine Richtigkeit, Ihre Großmutter hat gesagt, meine Enkel bezahlen für mich." Das war etwas peinlich, wir waren sauer, die Kellnerin hat uns zwar geglaubt, daß das nicht stimmte, aber wir mußten trotzdem erst einmal bezahlen. Aber sie meinte: „Die kann ja noch nicht weit weg sein, vielleicht können wir sie noch finden." So sind wir also rausgelaufen und haben uns getrennt, in die eine und die andere Richtung sind wir hinterhergelaufen, und ich habe sie dann am Gänseliesel am Marktplatz entdeckt, weil ich die Kleidung wiedererkannt habe. Und dann bin ich hin und hab' gefragt, da kam auch mein Freund schon, der sie nicht gefunden hatte am anderen Ende der Fußgängerzone, und dann haben wir sie zur Rede gestellt. Das war ihr auch furchtbar peinlich, und wir haben sie gefragt, warum sie denn nicht selbst bezahlt hätte, und da hat sie gesagt: Naja, es sei ihr peinlich, sie hätte ihr Geld zu Hause vergessen! Dann haben wir gesagt: Gut, dann gehen wir mit ihr nach Hause, und sie gibt uns dann das Geld. Da hat sie gesagt: Nein, wenn die Leute das sehen (sie wohne im Ostviertel!), da würde man gucken, wenn sie mit jungen Leuten käme, das wäre alles sehr verdächtig. Da haben wir uns darauf geeinigt, daß sie ihre Handtasche daläßt. Die Handtasche war schon teurer als die sieben oder acht Mark Differenz, die wir bei Cron & Lanz bezahlt hatten. Also haben wir uns da hingesetzt und gewartet, und sie kam dann nach einer halben Stunde mit einem Polizisten. Und der Polizist hat uns gefragt, warum wir der alten Dame die Handtasche geklaut hätten. Das war schnell aufgeklärt, weil der Polizist nicht dumm war und uns gleich geglaubt hat, als wir den Sachverhalt erklärten. Der Polizist wollte mit der Frau zur Wache und wollte ihre Personalien feststellen, falls sie uns das Geld nun nicht bald gäbe. Nein, sie wollte nicht mit zur Wache, sie wollte nicht die Personalien zeigen. Da hat der Polizist gefragt, ob sie denn die Papiere in der Handtasche hätte. Da hat sie ihre Handtasche so an sich gezogen, und dann standen da ja auch schon viele Leute herum. Die Neugierde ist dann schnell ganz groß – zwei junge Leute, ein Polizist, eine alte Dame, die die Handtasche an sich preßt. Die Frau hat dann die Handtasche so halb widerstrebend gegeben, und der Polizist hat sie aufgemacht. Und was da drin war, das war schon ziemlich erschütternd: ich führe das auf Senilität zurück. Jedenfalls waren da Knochen drin, Knochen von einem Tier, von dem Bären, den ich Euch aufgebunden habe.

Quelle: Erzählung einer 25jährigen Volkskundestudentin am 23. November 1988 bei einem Erzählabend in einer Göttinger Kneipe. Übertragung vom Tonband.

Wir haben diesen Text an das Ende unserer Sammlung gestellt, weil er eigentlich keine Sage ist, sondern mehr eine Parodie darauf. Indem die Erzählerin ihre Zuhörer aufs Glatteis lockt, benutzt sie deren Leichtgläubigkeit und führt durch die Pointe gleichzeitig das Genre ad absurdum.

Zu dieser weiterentwickelten Form des Geschichtenerzählens gibt es bereits mehrere Varianten. Eine davon spielt auf dem Göttinger Bahnhof. In diesem Fall befinden sich die Knochen in einem Reisekoffer. Meist ist der „Tatort" jedoch ein teures Restaurant oder Café.

Literaturverzeichnis

Aus Platzgründen konnte hier nur eine Auswahl von Veröffentlichungen zur modernen Sagenforschung berücksichtigt werden. Außerdem sind in diese Bibliographie die im Vorwort und in den Kommentaren verkürzt zitierten Titel aufgenommen worden.

AaTh = Aarne, Antti – Thompson, Stith: The types of the folktale. A classification and bibliography. Helsinki 1961 (FF Communications, 184).

Baker, Ronald L.: The influence of mass culture on modern legends. In: Southern Folklore Quarterly 40 (1976) 367–376.

Baker, Ronald L.: Hoosier folk legends. Bloomington, Indiana 1982.

Balint, Michael: Angstlust und Regression. Stuttgart 1959.

Barnes, Daniel R.: Interpreting urban legends. In: ARV. Scandinavian Yearbook of Folklore 40 (1984) 67–78.

Bausinger, Hermann: Formen der „Volkspoesie". Berlin 1968 (Grundlagen der Germanistik, 6).

Bennett, Gillian: The phantom hitchhiker: Neither modern, urban nor legend? In: Smith, Paul (Hg.): Perspectives on contemporary legend I. Sheffield 1984, 45–63.

Bennett, Gillian: What's ‚modern' about the modern legend? In: Fabula 26 (1985) 219–229.

Bennett, Gillian: Legend: Performance and truth. In: Smith, Paul (Hg.): Perspectives on contemporary legend III. Sheffield 1988, 13–36.

Bergmann, Jörg R.: Klatsch. Zur Sozialform der diskreten Indiskretion. Berlin/New York 1987.

Bolte, Johannes – Polívka, Georg: Anmerkungen zu den Kinder- und Hausmärchen der Brüder Grimm. 5 Bde. Leipzig 1913–1932. Neudruck Hildesheim 1963.

Bošković-Stulli, Maja: Zeitungen, Fernsehen, mündliches Erzählen in der Stadt Zagreb. In: Fabula 20 (1979) 8–17.

Brednich, Rolf Wilhelm: Volkserzählungen und Volksglaube von den Schicksalsfrauen. Helsinki 1964 (FF Communications, 193).

Brednich, Rolf Wilhelm: Hutterische Volkserzählungen. In: German-Canadian Yearbook 6 (1981) 199–224.

Brednich, Rolf Wilhelm: Der Edelmann als Hund. Eine Sensationsmeldung des 17. Jahrhunderts und ihr Weg durch die Medien der Zeit. In: Fabula 26 (1985) 29–57.

Bregenhøj, Carsten: Terrorisme, appelsiner og folkesagn. In: Tradisjon 8 (1978) 65–78.

Brunvand, Jan Harold: The vanishing hitchhiker. American urban legends and their meanings. New York/London 1981 (zitiert nach der Ausgabe ebda. 1983).

Brunvand, Jan Harold: The choking doberman and other „new" urban legends. New York/London 1984.

Brunvand, Jan Harold: The Mexican pet. More „new" urban legends and some old favorites. New York/London 1986.

Buchan, David: The modern legend. In: Green, A. E. – Widdowson, J. D. A. (Hg.): Language, culture and tradition. Sheffield 1981, 1–15.

Carroll, Michael P.: „The castrated boy": Another contribution to the psychoanalytic study of urban legends. In: Folklore 98 (1987) 216–225.

Colby, Carroll B.: Strangely enough! New York 1959.

Cord, Xenia E.: Department store snakes. In: Indiana Folklore 2 (1969) 110–114.

Dale, Rodney: It's true... It happened to a friend. A collection of urban legends. London 1984.

Dégh, Linda: The hook. In: Indiana Folklore 1 (1968a) 92–100.

Dégh, Linda: The boyfriend's death. In: Indiana Folklore 1 (1968b) 101–106.

Dégh, Linda: The Runaway grandmother. In: Indiana Folklore 1 (1968c) 68–77.

Dégh, Linda: The roommate's death and related dormitory stories in formation. In: Indiana Folklore 2 (1969) 55–74.

Dégh, Linda: The „belief legend" in modern society. Form, function and relationship to other genres. In: Hand, Wayland D. (Hg.): American folk legend. A symposium. Berkeley/Los Angeles/London 1971, 55–68.

Dégh, Linda: Neue Sagenerscheinungen in der industriellen Umwelt der USA. In: Röhrich, Lutz (Hg.): Probleme der Sagenforschung. Freiburg 1973, 34–51.

Dégh, Linda: UFO's and how folklorists should look at them. In: Fabula 18 (1977) 242–248.

Domowitz, Susan: Foreign matter in food. A legend type. In: Indiana Folklore 12 (1979) 86–95.

Dundes, Alan: On the psychology of legend. In: ders.: Analytic essays in folklore. The Hague/Paris 1975, 163–174.

Ellis, Bill: Why are verbatim transcripts of legends necessary? In: Smith, Paul (Hg.): Perspectives on contemporary legend II. Sheffield 1987, 31–60.

Ellis, Bill: De legendis urbis. Modern legends in Ancient Rome. In: Journal of American Folklore 96 (1983) 200–208.

Fine, Gary Alan: Cokelore and coke law. Urban belief tales and the problem of multiple origins. In: Journal of American Folklore 92 (1979) 477–482.

Fine, Gary Alan: The Kentucky fried rat. Legends and modern society. In: Journal of the Folklore Institute 17 (1980) 222–243.

Fine, Gary Alan: Gerücht. In: Enzyklopädie des Märchens 5 (Berlin/New York 1987) 1102–1109.

Fine, Gary Alan: The city as a folklore generator: Legends in the Metropolis. In: Urban Resources 4:3 (1987) 3–6, 61.

Fine, Gary Alan: Welcome to the world of AIDS: Fantasies of female revenge. In: Western Folklore 46 (1987) 192–197.

Fischer, Helmut: Der Rattenhund. Das Beispiel einer „neuen" Sage. In: Rheinisches Jahrbuch für Volkskunde 26 (1985/86) 177–195.

Glazer, Mark: The vanishing hitchhiker in the McAllen Standard Metropolitan Area: Mexican-American culture and urban legend. In: Urban Resources 4:3 (1987) 31–36.

Glazer, Mark: The superglue revenge: A psychological analysis. In: Smith, P. (Hg.): Perspectives on contemporary legend III. Sheffield 1988, 139–146.

Golowin, Sergius: Götter der Atom-Zeit. Moderne Sagenbildung um Raumschiffe und Sternenmenschen. Bern/München 1967.

Goss, Michael: The evidence for the phantom hitch-hikers. Wellingborough 1984.

Gulzow, Monte – Mitchell, Carol: „Vagina Dentata" and „Incurable Veneral Disease". Legends from the Viet Nam War. In: Western Folklore 39 (1980) 306–316.

Haiding, Karl: Österreichs Sagenschatz. Wien 1965.

Hallissy, Margret: Venomous woman: Fear of the female in literature. New York/London 1987.

HdA = Handwörterbuch des deutschen Aberglaubens. Hrsg. von Hanns Bächtold-Stäubli. 10 Bde. Berlin/Leipzig 1927–1942. Neudruck Berlin/New York 1987.

Heim, Walter: Moderne Straßengeister. In: Schweizer Volkskunde 71 (1981) 1–5.

Hopkins, Budd: Von Ufos entführt. München 1982.

Jeggle, Utz: Die Sage und ihre Wahrheit. In: Der Deutschunterricht 6 (1987) 37–50.

Jung, Carl Gustav: Ein moderner Mythus: von Dingen, die am Himmel gesehen werden. Zürich 1958.

Klintberg, Bengt av: Modern migratory legends in oral tradition and daily papers. In: ARV. Scandinavian Yearbook of Folklore 37 (1981) 153–160.

Klintberg, Bengt av: Why are there so many modern legends about revenge? In: Smith, Paul (Hg.): Perspectives on modern legend I. Sheffield 1984, 141–146.

Klintberg, Bengt av: Legends and rumours about spiders and snakes. In: Fabula 26 (1985) 274–287.

Klintberg, Bengt av: Råttan i pizzan. Folksänger i vår tid [Die Ratte in der Pizza. Volkssagen in unserer Zeit]. Stockholm 1986.

Knierim, Volker: Auto, Fremde, Tod. Automobile und Reisen in zeitgenössischen deutschsprachigen Sensationserzählungen. In: Fabula 26 (1985) 230–244.

Kreye, Adrian: Großstadtmythen. In: Tempo 11 (1987) 78–80.

Lehmann, Albrecht: Erzählstruktur und Lebenslauf. Autobiographische Untersuchungen. Frankfurt a.M./New York 1983.

Lindemann, Klaus–Zons, Raimar Stefan: Lauter schwarze Spinnen. Spinnenmotive in der deutschen Literatur. Bonn 1989 (Bouviers Bibliothek, 9).

Meurger, Michel: Zur Diskussion des Begriffs „modern legend" am Beispiel der „Airships" von 1896 und 1897. In: Fabula 26 (1985) 254–273.

Moser-Rath, Elfriede: „Lustige Gesellschaft". Schwank und Witz des 17. und 18. Jahrhunderts in kultur- und sozialgeschichtlichem Kontext. Stuttgart 1984.

Mot. = Thompson, Stith: Motif-Index of folk literature. 6 Bde. 2. Aufl. Kopenhagen 1955–58.

Müller, Ingeborg – Röhrich, Lutz: Deutscher Sagenkatalog, X: Der Tod und die Toten (Vorabdruck). In: Deutsches Jahrbuch für Volkskunde 13 (1967) 346–397.

Mullen, Patrick: Department store snakes. In: Indiana Folklore 3 (1970) 214–228.

Nicolaisen, William F. H.: Perspectives on contemporary legend. In: Fabula 26 (1985) 213–218.

Ní Dhuibne, Éilís: Dublin modern legends: An intermediate type list and examples. In: Béaloideas 51 (1983) 55–70.

Nierenberg, Jess: „Ich möchte das Geschwür loswerden". Türkenhaß in Witzen in der Bundesrepublik Deutschland. In: Fabula 25 (1984) 229–240.

Petzoldt, Leander: Phantom-Lore oder: Vom Glück des Sammlers beim Finden. In: Österreichische Zeitschrift für Volkskunde 92 (1989) 24–32.

Peuckert, Will-Erich: Sage. Geburt und Antwort der mythischen Welt. Berlin 1965.

Ranke, Kurt: Zum Motiv „Accidental Cannibalism". In: Dona Ethnologica. Festschrift Leopold Kretzenbacher. München 1973, 321–325.

Ranke, Kurt: Die Welt der Einfachen Formen. Studien zur Motiv-, Wort- und Quellenkunde. Berlin/New York 1978.

Rasmussen, Richard Michael: The UFO literature. A comprehensive annotated bibliography of writers in English. Jefferson, North Carolina/London 1985.

Reeken, Dieter von: Ufologie – Theorien und Tatsachen über Fliegende Untertassen. Luxembourg 1981.

Ridley, Florence H.: A tale told too often. In: Western Folklore 26 (1967) 153–156.

Röhrich, Lutz: Sage. Stuttgart 1966 (Realienbücher für Germanisten, M 55).

Röhrich, Lutz: Sage und Märchen. Erzählforschung heute. Freiburg/Basel/Wien 1976.

Röhrich, Lutz: Sage – Märchen – Volksglauben. Kollektive Angst und ihre Bewältigung. In: Eifler, Günter u.a. (Hg.): Angst und Hoffnung. Perspektiven der Weltauslegung. Mainz 1984, 173–202.

Röhrich, Lutz: Die Moral des Unmoralischen. Zwischen Schwank und Exempel. In: Rheinisches Jahrbuch für Volkskunde 26 (1985/86) 209–219.

Roud, Steve: Coke-lore. In: Folklore Society News 7 (1988) 10–11.

Sanderson, Stewart: The folklore of the motor-car. In: Folklore 8 (1969) 241–252.

Santino, Jack: „Flew the ocean in a plane". An investigation of airline occupational narrative. In: Journal of the Folklore Institute 15 (1978) 189–208.

Schlechter, Harold: The bosom serpent: folklore and popular art. Iowa City 1988.

Shenhar, Aliza: Israelische Fassungen des Verschwundenen Anhalters. In: Fabula 26 (1986) 245–253.

Shenhar, Aliza: Legendary rumors as social controls in the Israeli Kibbutz. In: Fabula 30 (1989) 63–82.

Shorrocks, Graham: Further aspects of restaurant stories. In: Lore & Language 3:2 (1980) 71–74.

Simonides, Dorota: Moderne Sagenbildung im polnischen Großstadtmilieu. In: Fabula 28 (1987) 269–278.

Simpson, Jacqueline: Urban legends in the Pickwick Papers. In: Journal of American Folklore 96 (1983) 462–470.

Smith, Paul – Bennett, Gillian (Hg.): Perspectives on contemporary legend I (1982). Sheffield 1984; II (1983) ebda. 1987; III (1985) Monsters with iron teeth. ebda. 1988. IV (1986) The questing beast. ebda. 1989.

Smith, Paul: The book of nasty legends. London 1983.

Smith, Paul: The book of nastier legends. London 1986.

Sohnrey, Heinrich: Tchiff, tchaff, toho! Geschichten aus dem Sollinger Walde. Berlin 1929.

Stoessel, Ingrid: Scheintod und Todesangst. Äußerungsformen der Angst in ihren geschichtlichen Wandlungen (17.–20. Jahrhundert). Köln 1983 (Kölner medizinhistorische Beiträge, 30).

Stringfield, Leonard: The crash/retrieval syndrome. Cincinatti, Ohio 1980.

Suchier, Walther: Der Schwank von der viermal getöteten Leiche in der Literatur des Abend- und Morgenlandes. Halle a.S. 1922.

Virtanen, Leea: Varastettu isoäiti. Kaupungin kansantarinoita [Die gestohlene Großmutter. Urbane Volkssagen]. Helsinki 1987.

Inhalt

Vorwort 5

I. Auto und Verkehr

1. Sportcabriolet mit Betonfüllung 27
2. Das ausgeschäumte Auto 27
3. Mistwagen 28
4. Die behaarte Hand 28
5. Die abgetrennte Hand 31
6. Rocker als Anhalter 31
7. Finger in der Autotür 32
8. Verhängnisvolle Autopanne 33
9. Rache des Lastwagenfahrers 35
10. Kopfloser Motorradfahrer 36
11. Rolls Royce 37
12. Porsche mit Leichengeruch 38
13. Der spottbillige Wagen 39
14. Das verräterische Kissen 39
15. Fahrendes Skelett 40
16. Nüchterner Beifahrer 41
17. Anfängerpech 41
18. Zwischen Erfurt und Gera 42
19. Der Fund am Straßenrand 43
20. Schlangen im Taxi 45
21. Zweierlei Passat 46
22. Der Elefant im Safari-Park 47
23. Schreckliches Versehen 50
24. Der Punker in der U-Bahn 50
25. Schutzhelm 51

II. Urlaub und Fremde

26. Freundin als Luftfracht 52
27. Gurt- und Helmpflicht 52
28. Die vergessene Ehefrau 53
29. Die gestohlene Großmutter 54
30. Die gestohlene Armbanduhr 56
31. Pornofotos aus Kopenhagen 57
32. Verhängnisvoller Skiunfall 58
33. Willkommen im AIDS-Club 59
34. Personalausweis verloren 60
35. Der abgeschnittene Finger 61
36. Falscher Page/Teure Opernfestspiele 62
37. Der Insektenstich/Beule am Kopf 63
38. Kein Wasser und Brot 65
39. Blondes Haar 66
40. Kidnapping in Marokko 67
41. Kinderwunsch 68

III. Einkaufsgeschichten

42. Ein exklusives Abendkleid 70
43. Kälteschock im Supermarkt 71
44. Angebot und Nachfrage 71
45. Das Hutschenreuther Kaffeeservice 72

IV. Essen und Trinken

46. Die Großmutter im Carepaket 73
47. Kuchen mit Füllung 76
48. Fleischlos 77
49. Brombeerkäfer 77
50. Bohnensuppe 78
51. Gefährliche Coca-Cola 79

52. Vergiftete Orangen 79
53. Lachspastete 80
54. Ausländisch essen 81
55. Rattenzahn im Hamburger 83
56. Die geteilte Suppe 84

V. Kinder

57. Die eifersüchtige Schwester 87
58. Antiautoritäre Erziehung 89
59. Alkoholtest 90
60. Farbiges Kind 91
61. Das bekiffte Kind 92
62. Die Rache des Hippies 92

VI. Tiere

63. Der Goldfisch beim Tierarzt 94
64. Katzenjammer/Treu bis ans Grab 94
65. Die Fingerkuppe 96
66. Der indische Hund 96
67. Nachbars Kaninchen 98
68. Die würgende Dogge 99

VII. Haus und Wohnung

69. Der Teppichverleger 101
70. Die Spinne in der Yucca-Palme 102
71. Wasserflecken an der Decke 104
72. Geräusche auf dem Dachboden 105
73. Die trojanische Couch 106
74. Einbrecher mit Herz 106
75. Antiquitäten aus Dänemark 107

76. Der elektrische Briefkasten 108
77. Kostbarer Sperrmüll 108

VIII. Arbeit und Technik

78. Die Hand in der Häckselmaschine 110
79. Der Pudel in der Mikrowelle 110
80. Trockner für die Katz' 111
81. Gleiche Wellenlänge 112
82. Porno im Hochhaus 113
83. Im Kühlwagen 113
84. Gefährliche Ernte 114
85. Potenzsteigerung durch Strom 115
86. Arbeit geht vor 115

IX. Medizin und Drogen

87. Ein heißes Örtchen 117
88. Hautausschlag 118
89. Das letzte Steak 118
90. Schlankheitskapseln 119
91. Gefährliche Babysitter 119
92. LSD-Bilder 120
93. Urinprobe 120
94. Scheidenkrampf 121

X. Aberglaube und Übernatürliches

95. UFO über Freiburg 123
96. Vom UFO entführt 124
97. Die Mutprobe/Die Wette 126
98. Vor Angst ergraut 128
99. Zahnschock 129

100. Großvaters vierte Zähne 130
101. Verschwunden am Untersberg 130
102. Das unheimliche Foto 132
103. Todesprophezeiung 133
104. Eine weiße Taube 134
105. Lebensbaum 135
106. Todespendel 135
107. Rendezvous mit einem Toten 136
108. Merkwürdige Hüttennacht 137
109. Scheintod 137
110. Geburt im Grab 138

XI. Merkwürdige Zufälle

111. Verhinderter Selbstmord 140
112. Jägerehre 141
113. Die mehrfach getötete Leiche 141
114. Kurioser Versicherungsfall 143
115. Böses Erwachen 145
116. Die alte Dame und die Handtasche 145

Literaturverzeichnis 148
Inhaltsverzeichnis 153

Sagenhafte Geschichten von gestern

Nobelpreis für Literatur 1988
Nagib Machfus
Der Dieb und die Hunde
Roman. Nachwort von Doris Erpenbeck
28. Tsd. 1989. 172 Seiten. Leinen

Alexander Smith
Leben und Taten der berühmtesten
Straßenräuber, Mörder und Spitzbuben
so in den letzten fünfzig Jahren in dem Königreich England
sind hingerichtet worden. Hrsg. v. Anselm Schlösser
1987. 292 Seiten. 14 zeitgen. Ill. Leinen

Tobias Smollett
Die Abenteuer des Roderick Random
Nachwort v. Joachim Krehayn
1982. 604 Seiten. 5 zeitgen. Ill. Leinen

Antioch Kantemir
Im Chaos aber blüht der Geist...
Satiren. Nachwort v. Helmut Graßhoff.
1983. 138 Seiten. 21 zeitgen. Ill. Leinen

Alain-René Lesage
Der hinkende Teufel
Nachwort von Walter Hoyer
1983. 307 Seiten 13 zeitgen. Ill. Leinen

Ulrike Leonhardt
Mord ist ihr Beruf
Eine Literaturgeschichte des Kriminalromans
1990. Etwa 290 Seiten mit 17 Abbildungen. Leinen

Verlag C. H. Beck München

Lesebücher im Verlag C. H. Beck

Streifzüge durch die Jahrhunderte
Ein historisches Lesebuch
Herausgegeben von Rainer Beck
56. Tsd. 1987. 448 Seiten. Paperback
(Beck'sche Reihe Band 340)

Streifzüge durch die antike Welt
Ein historisches Lesebuch
Herausgegeben von Andreas Patzer
1989. 374 Seiten mit 11 Abbildungen und 7 Karten. Paperback
(Beck'sche Reihe Band 390)

Streifzüge durch das Mittelalter
Ein historisches Lesebuch
Herausgegeben von Rainer Beck
2. Auflage. 1990. 340 Seiten mit 6 Abbildungen und 1 Karte. Paperback
(Beck'sche Reihe Band 380)

Frauen
Ein historisches Lesebuch
Herausgegeben von Andrea von Dülmen
2. Auflage 1989. 397 Seiten mit 7 Abbildungen. Paperback
(Beck'sche Reihe Band 370)

Barbara Bronnen (Hrsg.)
Mama mia
Geschichten über Mütter
1989. 294 Seiten. Paperback. (Beck'sche Reihe Band 379)

Gesammelte Liebe
Ein Lesebuch
Herausgegeben von Eva Pampuch und Max Zihlmann
1988. 383 Seiten. Paperback. (Beck'sche Reihe Band 350)

Verlag C. H. Beck München